PROFIL SOCIÉTÉ

Collection Profil dirigée par Georges Décote
Série Société sous la direction de Robert Jammes

ÉCONOMIE - SOCIOLOGIE - SCIENCES SOCIALES

L'INDE
ET LE
NON-DÉVELOPPEMENT

Solange Ewenczyk
Professeur de Sciences économiques et sociales

Pierre Weibel
Professeur d'Histoire et de Géographie

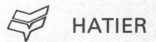

HATIER

Sommaire

© HATIER - PARIS 1981

ISBN 2-218-05526-O

L'Union Indienne

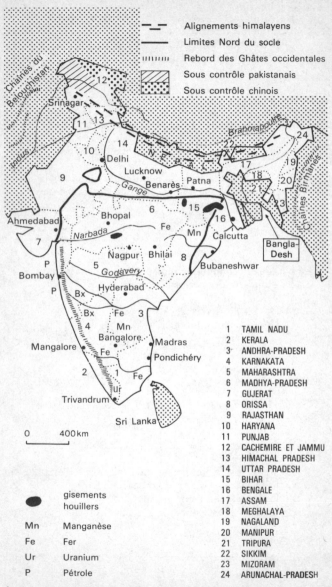

Alignements himalayens
Limites Nord du socle
Rebord des Ghâtes occidentales
Sous contrôle pakistanais
Sous contrôle chinois

Chaînes du Béloutchistan
Indus
Srinagar
12
11 13
10
14
9
Delhi
Lucknow
Benarès
Gange
Patna
NEPAL
Brahmapoutre
24
22
17 19
18
20
21
23
Bangla-Desh
Chaînes Birmanes
Ahmedabad
Bhopal
6
15
16
7
Narbada
Fe
Mn
Calcutta
Nagpur
Bhilai
8
Bubaneshwar
P
5
Godavery
Bombay
P
Bx
Hyderabad
Bx
Fe
3
4
Mn
Bangalore
Madras
Mangalore
Fe
Pondichéry
2
1
Fe
Ur
Trivandrum
Sri Lanka

0   400 km

● gisements houillers

Mn   Manganèse
Fe   Fer
Ur   Uranium
P   Pétrole

1 TAMIL NADU
2 KERALA
3 ANDHRA-PRADESH
4 KARNAKATA
5 MAHARASHTRA
6 MADHYA-PRADESH
7 GUJERAT
8 ORISSA
9 RAJASTHAN
10 HARYANA
11 PUNJAB
12 CACHEMIRE ET JAMMU
13 HIMACHAL PRADESH
14 UTTAR PRADESH
15 BIHAR
16 BENGALE
17 ASSAM
18 MEGHALAYA
19 NAGALAND
20 MANIPUR
21 TRIPURA
22 SIKKIM
23 MIZORAM
24 ARUNACHAL-PRADESH

4

Introduction

L'Inde apparaît comme l'archétype du pays sous-développé. Pourtant ni les critères généraux du sous-développement, ni les images souvent banalisées par les média ne rendent vraiment compte de la réalité indienne. Celle-ci ne peut être appréhendée qu'à travers ce qui fait sa spécificité : le système castes-religion.

Expression même de la conception des rapports homme-univers que se donne la philosophie hindoue, ce système implique une structure sociale particulière et reste profondément ancré dans la mentalité indienne (chapitre 1).

Il a survécu, en s'adaptant, à l'impact d'un colonialisme qui détruisait ses bases économiques. Il n'est pas en tant que tel responsable du non-développement indien (thèse dite du « blocage culturel ») dans la mesure où l'Inde s'est trouvée confrontée depuis la fin du XVIIIᵉ siècle à un capitalisme conquérant, intégrant à son profit des parcelles de développement économique et rejetant la plus grande partie de la population dans la misère (chapitre 2).

Le système castes-religion se traduit par une pesanteur sociologique qui en fait à la fois un point d'appui pour des groupes privilégiés et une force de résistance face aux volontés de transformation imposées de l'extérieur : il semble capable de pervertir tout modèle importé de développement. Ainsi, comme il a été dans le passé le cadre dans lequel s'est inscrite la stratégie gandhienne, il reste pour l'avenir une composante essentielle que toute tentative de développement du pays devra prendre en charge. Après avoir mis en évidence les choix faits depuis l'indépendance (chapitre 3), nous montrerons en quoi les résultats d'ensemble restent finalement décevants (chapitre 4) avant de nous interroger sur l'inadéquation entre la structure sociale indienne et les choix affirmés, et de poser le problème de la définition possible d'une voie indienne de développement (chapitre 5).

Éléments de chronologie

La société traditionnelle indienne : une religion et une structure sociale interdépendantes

L'hindouisme marque l'Inde d'une empreinte ancienne et profonde, ne serait-ce que par le chiffre de ceux qui se réclament de lui : 542 millions environ sur les quelque 660 millions d'habitants de la République indienne[1]. Chiffre impressionnant si l'on songe d'abord qu'en un seul État est réunie une masse de croyants comparable à celle d'autres grandes religions (musulmane ou chrétienne par exemple) qui touchent, elles, des pays multiples, bien plus encore si l'on réalise qu'en Inde nul n'échappe à l'hindouisme dans la mesure où les minorités religieuses (73 millions de musulmans, 17 millions de chrétiens, 12 millions de sikhs, 4,5 millions de bouddhistes, 3 millions de jaïns,...) descendantes pour l'essentiel de convertis de l'hindouisme doivent se déterminer en grande partie contre lui avec obligation pourtant d'en intégrer des valeurs.

Car l'hindouisme n'est pas seulement une religion : la reconnaissance d'un ordre cosmique qui le fonde le conduit à proposer une explication de toutes choses et à prévoir une place pour chaque homme. Il implique une organisation sociale particu-

---

1. Estimations pour 1980 à partir des données du dernier recensement décennal (1971).

lière, basée sur le respect d'un certain nombre de règles fixées une fois pour toutes : nul ne peut les enfreindre sans détruire ou du moins perturber gravement cet ordre qui est l'essence même de l'hindouisme. Ces règles trouvent leur expression la plus évidente dans le système des castes.

L'HINDOUISME : UN RAPPORT DE L'INDIVIDU AU COSMOS QUI PREND SA FORME DANS LE SYSTÈME DES CASTES

Le système des castes semble bien être une spécificité de la société indienne. Des castes existent certes ailleurs (en particulier au Nord du Japon ou à Ceylan) mais sans être constituées en un système structurant l'ensemble de la vie sociale. Quelle est l'origine de ce phénomène ? Pour certains, ces groupes fermés et hiérarchisés concrétisent une volonté des envahisseurs aryens, venus à partir des XVIIIe-XVe siècles avant notre ère, de préserver la race blanche des contacts avec les occupants antérieurs du pays, en particulier les races noires dravidiennes ; pour d'autres, ils cachent des mobiles économiques (en figeant la position inférieure des peuples conquis réduits au rôle de serviteurs) ; pour d'autres enfin, leur stricte mise en place n'est que l'expression du pouvoir idéologique des prêtres soucieux de maintenir leur primauté face aux marchands ou aux guerriers[1].

Quoi qu'il en soit l'hindouisme implique l'existence des castes. Cette religion développée à partir des textes védiques[2] et de leurs commentaires, repose sur l'idée d'un ordre naturel (encore appelé « tout cosmique ») auquel l'homme lui-même

---

1. Pour intéressante qu'elle soit une recherche de type causal ne pourra mettre en avant une instance déterminante, économique ou idéologique (raciale, religieuse,...) qui serait à l'origine d'une formation sociale donnée qu'au prix d'un certain schématisme qui vide cette formation de sa richesse et de sa complexité.

2. Le Veda, au sens propre le « Savoir », constitue pour l'hindouisme le texte de référence (comme la Bible pour le judaïsme ou le christianisme). Il règle la vie religieuse et sociale. Réduit à un ritualisme formel aux VIIe-VIe siècles avant J.C. le védisme, à la suite de sa confrontation avec le bouddhisme, sera repris en compte et transformé par les Upanishad, sorte de commentaire des textes sacrés. Les envahisseurs musulmans donneront à cette religion le nom d'hindouisme (du Fleuve Indus).

n'échappe pas. Égaré sur terre, il cherche à réaliser sa libération qui sera la fusion de son âme individuelle ou « atman » avec l'âme universelle ou « brahman ». Cette libération n'interviendra que lorsque l'homme aura pu se débarrasser d'une enveloppe charnelle qui apparaît comme la récompense ou la punition d'une vie antérieure (principe de la transmigration de l'âme). Cette sanction implique donc que tous les hommes ne naissent pas égaux, ce qui introduit l'existence de groupes. Situé par sa naissance dans le même groupe que ses parents l'enfant en hérite une règle de vie : le dharma du groupe. Les groupes se trouvent affectés de manière indélébile d'un certain degré de pureté selon les principes que leur dharma les conduit à respecter : végétarisme ou non, interdiction du remariage des veuves ou non, connaissance des textes sacrés ou non... La multiplicité des critères de pureté rend d'ailleurs difficile toute hiérarchisation de ces groupes et chacun d'entre eux peut toujours en trouver un autre moins pur et donc inférieur. La notion de pureté est liée à la vie organique (la vie terrestre si l'on veut). Celle-ci est en effet source d'impuretés en particulier dans les moments qui l'entretiennent ou la font disparaître : naissance, nourriture, mort. Il s'agit là d'impuretés temporaires. Ainsi une femme accouchée et le parent d'un mort restent impurs durant plusieurs semaines ; ou encore certaines nourritures sont considérées comme impures si du moins leur préparation n'a pas obéi à certains rituels. Tout contact avec la vie organique introduit la nécessité de purifications : ablutions qui rythment la vie quotidienne, rituel du « puja » ou offrandes aux dieux, vertu purificatrice de l'immersion dans le Gange (jusqu'à l'immersion finale des cendres du mort dans ce fleuve sacré). Certains groupes sont en contact fréquent avec les sources d'impureté du fait de la place que leur assigne leur dharma dans l'ordre cosmique. La souillure se transmet au groupe et devient permanente. Il existe cependant des nuances complexes induites par le degré de proximité avec ces sources d'impureté : au bas de la hiérarchie les préposés au bucher funéraire, les équarisseurs ou les tanneurs (tout contact avec ces groupes devient source de souillure à tel point que certains sont considérés comme intouchables) ; en haut de la hiérarchie l'individu « hors du monde » qui par l'ascèse recherche la fusion avec l'âme universelle : le sadhu (sage) ou « Renonçant ». Ce n'est qu'au prix de réincarnations successives dans des groupes de plus en plus purs que l'individu pourra se rapprocher de la fusion cosmique. Cela exige de sa part un respect total du dharma du groupe dans lequel il s'est incarné : loin d'être individuel (sauf dans le cas du renoncement), le salut passe par une identification totale de l'individu au groupe. C'est là la réalité du terme de Jâti qui traduit « l'espèce » ou plus précisément la naissance. On dira « je suis né brahmane » ou « je suis né potier ». Le terme de caste, employé pour la première fois par les Portugais et généralement utilisé depuis, ne rend pas bien compte de la notion de jâti qu'il est censé traduire[1].

Il apparaît donc que les valeurs hindoues sont fondées sur la perception profonde qu'a l'individu de son intimité avec un tout cosmique qui donne une justification à chaque événement de sa vie. Elles trouvent leur expression dans un ordre social immuable reposant sur la famille, la caste, le village. La place de l'individu dans cet ordre social est une donnée fondamentale qui ne peut être dépassée sur terre : l'individu peut améliorer sa condition économique (par la recherche du profit ou « artha ») mais cela ne conduira pas à un changement de sa condition sociale. C'est au contraire en assumant celle-ci, par les rites et fonctions qu'elle implique, que l'individu prépare une renaissance dans une position supérieure qui le rapproche de la fusion avec le brahman. Ainsi, un Intouchable peut faire fortune, il n'en reste pas moins Intouchable.

LES CASTES : UNE STRUCTURE HIÉRARCHISÉE

« Recherché pour jeune fille brahmane bengali, vingt-et-un ans, grande, mince, jolie, Ujjwal-Shtam-Varna, Bathshaya Gotra, étudiante dernière année licence ès-lettres, brahmane bengali, en vue mariage assorti, répondre boite postale X ».

Cette annonce matrimoniale extraite d'un numéro récent du grand quotidien indien le Hindustan Times et citée par R. Isar[2] n'a omis aucun « titre » de caste : brahmane, grou-

---

1. En effet casta signifie « pur » en portugais. Il semble que les Portugais aient ainsi traduit la notion de pureté brahmanique sans réellement appréhender la complexité de la stucture sociale indienne divisée en jâtis. Suivant l'usage, nous emploierons indifféremment le terme de jâtis ou de castes.
2. R. Isar — L'Inde au-delà du mythe et du mensonge. Le Seuil. 1979.

pe essentiel, Ujjwal-Shtam-Varna, clan endogame de la caste, Bathshaya Gotra, sous-clan exogame de la caste.

La caste situe en effet précisément l'individu : on continue à se présenter comme né brahmane, chamar (travailleur du cuir) ou sonar (orfèvre)... Du fait du nombre très élevé des castes (plusieurs milliers, leur recensement exact a toujours été très difficile à mener à bien), et de leur diversité territoriale le système apparaît très complexe. Cependant trois principes essentiels le structurent :

- le principe de hiérarchie en fonction du critère essentiel (« métaphysique ») du pur et de l'impur, même s'il peut prendre des formes variables selon les régions et être modulé par des considérations secondaires comme la possession de la terre, l'indépendance économique ou le pouvoir politique ;

- le principe de séparation qui exclut les mariages intercastes (endogamie) mais aussi rend difficiles les repas en commun car chaque caste obéit à des règles de nourriture propres. Ainsi certaines castes sont entièrement végétariennes, d'autres tolèrent la consommation de viande à l'exception de la vache...

- Le principe d'interdépendance : chaque caste doit fournir à la communauté les prestations imposées par sa naissance : prières, objets usuels (poteries, vêtements), services divers (barbier, accoucheur), et reçoit en échange des contre-prestations.

La multitude des castes ou jâtis ainsi structurée est liée à la division quadripartite née du Véda. Les jâtis se situent dans une « échelle varnique » traduction d'une structure tripartite : prêtre-soldat-producteur à laquelle on a ajouté le serviteur. Cette division est légitimée par le fameux texte de la Rig Véda qui décrit la partition de l'homme primordial.

« Sa bouche devint le Brahmane
Le guerrier fut le produit de ses bras
Ses cuisses furent l'artisan
Le serviteur naquit de ses pieds »[1]

Ce mythe reflète la hiérarchie des quatre groupes fondamentaux ou Varnas[2]. Les trois premiers : Brahmane ayant la connaissance des textes sacrés, Kshatriya voué au pouvoir politique, Vaichya voué au pouvoir économique forment les « deux-fois nés », la deuxième naissance étant spirituelle, lorsque, en recevant le cordon sacré, l'adolescent entre cons-

---

1. Traduction de L. Renou.
2. Ces quatre Varnas correspondent à l'image traditionnelle des castes vues de l'Occident. En fait la réalité de la caste est, nous l'avons vu, la jâti.

ciemment dans sa caste. Le dernier, Shudra ou serviteur, doit obéir aux ordres des autres. Mais ces Varnas excluent un cinquième groupe appelé improprement « hors-caste », celui des Intouchables, ceux qui doivent racheter une faute tellement lourde qu'ils sont rituellement impurs leur vie durant[1]. Le contact même de leur ombre souille : ils doivent avoir leurs puits séparés, habiter des quartiers isolés avec interdiction de traverser le village ; jusqu'à une date récente certains devaient se promener avec un balai pour effacer les traces derrière eux ; le seul fait d'entendre par inadvertance les textes sacrés les conduisait à recevoir du plomb fondu dans les oreilles. A eux les tâches impures : enlèvement des excréments, des ordures, des charognes d'animaux. 90 millions d'Intouchables — théoriquement protégés par les lois, nous le verrons — vivent à l'heure actuelle en Inde.

Exceptionnellement une jâti dans son entier peut s'élever dans l'échelle varnique. Rappelons-le bien, un individu ne le peut, puisque mener le mieux possible sa vie en remplissant ses devoirs de caste peut seul lui donner l'espoir d'une amélioration de son sort dans une vie future. On cite les exemples de jâtis de barbiers qui ont réussi à s'élever dans la hiérarchie par des pratiques végétariennes, le refus de certains actes impurs (ne pas nettoyer la vaisselle de la caste qui les emploie par exemple) ; de même l'enrichissement ou le pouvoir politique ont pu transformer les jâtis intouchables en jâtis honorables. G. Deleury[2] cite même l'exemple de tribus aborigènes, à l'origine sans caste puisque non hindoues et considérées comme kshatriyas. C'est ce que l'on appelle la brahmanisation ou la sanskritisation des basses castes (ou des sans castes).

Le système des castes ne se borne pas à hiérarchiser les hindous, il permet l'insertion des autres groupes non hindous. Ainsi les bouchers musulmans sont intégrés comme jâtis, tout comme les jains, les parsis, les sikhs ont aussi leur fonction : commerçants, financiers,... Inversement les chrétiens respectent la division des castes : c'est par jâtis entières que des conversions ont eu lieu pour échapper à un statut inférieur de caste ; mais le principe de séparation de castes a pu aller jusqu'à la

---

1. Ainsi le terme français de Paria ou anglais de Pariah est issu du nom de la caste intouchable des paraiyar qui désigne ceux qui jouent du tambour (la peau utilisée prélevée sur un animal mort étant de ce fait impure).
2. G. Deleury — Le Modèle indou. Hachette, 1978.

construction d'églises divisées par un mur permettant à deux castes de suivre l'office en évitant le contact.

Ainsi tout Indien, qu'il soit hindou, ou non, est placé dans le système des jâtis[1]. Celui-ci a donc structuré non seulement la vie de la société proprement hindoue, mais dans une large mesure celle de la société indienne dans son ensemble. Dans l'Inde pré-coloniale, c'est le village qui apparaît dans le cadre de cohérence du système ; il en est encore largement de même aujourd'hui.

LE VILLAGE : CADRE DU SYSTÈME DES CASTES

Si l'Inde, comme on l'a souvent remarqué, ne semble pas avoir d'histoire au sens classique du terme, c'est, qu'au-delà de la chronologie des dynasties et des invasions, apparaît une permanence, le village, ou plus exactement la communauté de village. Il ne s'agit pas ici d'idéaliser cette réalité ainsi qu'ont pu le faire un courant romantique anglais soucieux au XIXe siècle de voir concrétiser là l'utopie d'une collectivité harmonieuse préexistante à la civilisation moderne, ou les tenants d'une forme de communisme primitif. On doit bien voir cependant que le village forme une communauté dont les membres sont liés par la ritualisation des fonctions, expression de l'hindouisme, ce qui n'exclut ni les contradictions ni les tensions.

Une des spécificités essentielles de la communauté rurale hindoue pré-coloniale est constituée par le rapport à la terre sanctifié par le rite. La terre, mère nourricière, apparaît comme au cœur d'un système de pouvoirs. La notion de valeur marchande telle que nous la connaissons en est exclue. Si le droit hindou n'interdit pas la vente d'une terre, il la soumet à l'acceptation de toute une série de gens qui lui sont liés, ce qui la rend exceptionnelle. L'essentiel n'est pas la propriété du sol mais les fruits que l'on en tire. Ceux-ci sont l'objet de droits complémentaires qui mettent en relation le paysan-cultivateur (ryot) et les prestataires : les jâtis artisanes (potiers, forgerons, tisse-

1. Voir le document, p. 16.

rands, charpentiers,...) et les jâtis de service (brahmanes, barbiers, blanchisseurs,...). Il s'agit d'un système de « prestations-
contre prestations » dit encore système jajmani. Ces prestations
en nature correspondent à une certaine division traditionnelle
du travail déterminée par l'appartenance à la caste. La caste est
donc bien la marque d'une fonction héréditairement acquise, ce
qui implique aussi une ritualisation des échanges d'où la monnaie est exclue.

Cependant des jâtis apparaissent comme économiquement
dominantes, ce sont les jâtis paysannes qui contrôlent les
moyens de subsistance, source de tout le système jajmani. Mais
l'obligation rituelle les rend tributaires des jâtis de service et
artisanes qui échappent ainsi à la dépendance. La part de
récolte reçue en échange de leurs prestations n'est pas une
rémunération (quantifiable en monnaie) mais un droit (la part
reçue ne dépend pas de la quantité de prestations fournies sous
forme de poteries, de prières ou de services divers, mais d'une
coutume ou d'un rapport de forces entre jâtis).

Ainsi, face au pouvoir économique dominant des jâtis paysannes, se perpétue le contre-pouvoir des jâtis artisanes ou de
service qui, moins nombreuses, au sein du village sont cependant liées par la règle du mariage endogamique à une série de
villages voisins, l'extension géographique de leur caste pouvant
être considérable.

Enfin, si l'échange monétaire se trouve exclu, la pureté
rituelle des prestations fournies engendre toute une hiérarchie
des castes qui culmine avec celle des Brahmanes, celle-ci n'étant
d'ailleurs pas exactement la caste des prêtres, mais celle de
« l'homme du cosmos », celui qui connaît les textes sacrés, le
calendrier, l'horoscope et qui par la valeur de l'ascèse peut
devenir un exemple[1]. On a pu trouver là l'origine brahmanique
du système : face au pouvoir montant des marchands au VIIe
siècle (av. J.C.), les Brahmanes instaurent leur primauté. En
imposant des valeurs d'ascèse et de pureté à l'ensemble de la
société (reprenant ainsi à leur compte les valeurs du bouddhisme et du jaïnisme) ils se placent en haut de la hiérarchie.
Sans pouvoir économique ni politique, ils conservent la primauté dans l'échelle varnique : il y a dissociation entre hiérarchie et pouvoir.

Le pouvoir politique, fluctuant, souvent aux mains de

---

1. Car la valeur suprême est le renoncement à la vie matérielle au profit de la vie spirituelle comme en témoignent les nombreux « sadhus » hindous.

dynasties étrangères (comme les dynasties mogholes, d'ailleurs musulmanes), ne semble affecter en rien la communauté villageoise et les relations entre jâtis, se contentant de lever un impôt sur l'ensemble de la collectivité. Cet impôt n'est pas l'expression d'une quelconque propriété du souverain sur la terre mais bien plutôt d'un droit sur la récolte au nom de sa fonction propre. A ce titre, ce droit n'est ni plus ni moins que celui perçu par les autres castes en échange de leurs prestations. Il s'intègre donc entièrement au système des castes. Cependant, il est le plus souvent affermé par le souverain à un intermédiaire (le Zamindar dans le Nord) extérieur au village. C'est la transformation de celui-ci en propriétaire au sens occidental du terme qui, nous le verrons, va bouleverser les structures.

Ainsi, même si l'image d'une Inde où coexistent des milliers de villages relativement autonomes reliés à des pouvoirs centraux par le seul jeu d'un impôt collectif levé par un intermédiaire peut cacher des situations locales très diverses[1], force est de prendre en considération un point essentiel : sa cohérence donne au village hindou une certaine imperméabilité aux influences étrangères.

On peut admettre que cette cohérence provient d'une adéquation entre les structures sociales, économiques et culturelles :

- la religion prend en charge l'individu dans chaque acte de sa vie en lui imposant le respect du dharma de son groupe,

- le système des castes s'appuie sur une division traditionnelle du travail et la propriété indivise des terres.

Il est légitime de s'interroger sur la perpétuation d'un modèle culturel hindou (castes-religion) au-delà de la transformation de son support économique (le système agro-artisanal). Cette interrogation se justifie d'autant plus si l'on s'accorde à voir dans les castes l'une des caractéristiques essentielles de l'Inde actuelle.

---

1. F. Braudel dans *Civilisation matérielle, Économie et Capitalisme XVe-XVIIIe siècles*, note l'existence d'un marché national en Inde et d'une certaine monétarisation des rapports (dès le XIVe siècle) en liaison avec le système d'achat des castes négociantes aux artisans indiens. Doit-on généraliser l'existence des circuits commerciaux qui semblent se dessiner ? Introduisent-ils vraiment des rapports de type capitaliste dans le village ? Ou plutôt les castes de négociants, s'appuyant sur la structure du village, ne s'insèrent-elles pas pour longtemps encore dans les rapports idéologiques traditionnels ?

HINDOUS			MUSULMANS		
Castes	Familles	Fonction	Castes	Familles	Fonction
Tripathi	5	Propriétaires	Pathan	4	Confection (Rajput convertis)
Pande	18	Prêtres, enseignant BRAHMANE	Shekh	9	Confection
Rajput	16	Ex-Zamindar-Propriétaires- KSHATRIYA	Kujura	19	Marchands de légumes
Bania	20	Propriétaires-usuriers- VAICHYA	Ansar Manihar	10 11	Tisserands Marchands de bracelets
Ahir	32	Bergers-cultivateurs-soldats	Nai Darzi	1 2	Barbiers Tailleurs
Kurmi	28	Agriculteurs	bhat	1	Chanteurs
Murao	4	Marchands de légumes	Peelvan	1	Conducteurs d'éléphants
Sonar	5	Ex-orfèvres — confiseurs			
Halwai	2	Confiseurs	Fakir	3	Mendiants
Thather	2	Travail du cuivre			
Kahar	15	Domestiques — boutiques de thé			
Bari	14	Domestiques — comestibles			
Mali	4	Fleuriste (culte de Kali)	*Village de Chanukhera (N.E. de l'Uttar-Pradesh) 1 475 hab. en 1970 (D'après P.P.S. N° 384).*		
Badhai	3	Charpentiers }			
Lohar	2	Forgerons } système jajmani			
Kunhar	4	Potiers			
Bhooj	2	Grilleurs de céréales			
Dharkar	5	Vanniers			
Arakh	6	Gardiens — agriculteurs			
Nai	3	Barbiers SHUDRA			
Nath	3	Charmeurs de serpents			
Teli	1	Presseurs d'huile			
Chamar	52	Ouvriers, cantonniers cyclo-pousse			
Dnobi	4	Blanchisseurs INTOUCHABLE			

L'impact du colonialisme : une remise en cause de la société indienne traditionnelle

Au XVIe siècle s'est imposée sur l'Inde du Nord la domination de la dynastie musulmane des Moghols, dont l'empereur Akbar (1561-1605) fut le représentant le plus éminent. Cette tentative unificatrice rompt avec une longue histoire qui a vu s'épanouir une multitude de royaumes et de principautés à dominante hindoue[1]. Elle ne semble pas avoir affecté en profondeur les structures traditionnelles du village. Par contre elle stimule une vie de cour propice aux arts et à l'activité économique. Les Indes apparaissent alors au voyageur comme une contrée aux ressources multiples et à la civilisation raffinée. Rappelons d'ailleurs la permanence de cette image dans l'esprit des Européens : n'est-ce pas l'espoir de l'ouverture de nouvelles routes vers les Indes qui a motivé les grands voyages de découverte de la fin du XVe et du début du XVIe siècle ? Si les Portugais arrivent à Goa dès 1510, il faut cependant attendre le XVIIe siècle pour voir les Européens installer systématiquement des comptoirs sur les côtes indiennes. L'affaiblissement de la domination moghole devait conduire au renforcement des rivalités entre de grandes compagnies marchandes européennes bientôt tentées par le contrôle direct de territoires dont elles tiraient leurs profits. De ces rivalités, les Anglais sortent vainqueurs. Leur emprise systématique, marquée par la bataille de Plassey qui, en 1757, permet l'élimination des autorités locales au Bengale, et par le traité de Paris qui, en 1763, can-

---

1. Voir la chronologie, p. 6.

tonne la France à cinq comptoirs[1], conduit à une pression plus forte sur le village. Par leur volonté de drainer des richesses de plus en plus importantes, la Compagnie des Indes (East Indian Cy), puis le gouvernement impérial britannique, administrateur direct après la révolte des cipayes en 1858, provoqueront une remise en cause de la société indienne traditionnelle.

LE COLONIALISME INTRODUIT DANS LE VILLAGE DES RAPPORTS MARCHANDS

La mise en place d'une exploitation systématique du pays par la Compagnie des Indes nécessite rapidement une armée et une administration dont le financement sera assuré par des prélèvements fiscaux. Or, tirer un flux de revenus constants et importants d'une société agraire, conduit à en imposer la source de richesses essentielle : la terre. L'administrateur britannique se heurte alors à la caractéristique du village hindou traditionnel : comment lever un impôt foncier alors que la terre est indivise et n'a pas de valeur marchande. Les souverains moghols avaient résolu ce problème par une levée d'impôts collectifs au niveau du village, intégrant cette « fiscalité » au système traditionnel de prestations. Le droit occidental, basé sur la responsabilité individuelle, exigeait au contraire que soit définie une stricte assiette de l'impôt, fonction d'une propriété personnelle soigneusement délimitée : l'impôt, à échéance fixe, dépend de la quantité de sol possédée et non plus du volume global des récoltes du village.

La monétarisation des rapports

Aucune solution d'ensemble ne pourra être trouvée, d'où la diversité des systèmes adoptés. Au Nord domine le système zamindari qui attribue à une catégorie extrêmement composite d'intermédiaires divers (ex-collecteur d'impôts de l'époque

1. Chandernagor, Yanaon, Mahé, Karikal, Pondichéry.

moghole, aventurier, chef de guerre, notable) la propriété sur la terre, donc la responsabilité du paiement de l'impôt. Au Sud le système rayatwari confie cette responsabilité au paysan-exploitant transformé en propriétaire.

La propriété foncière privée ainsi introduite va bouleverser toute la vie des campagnes indiennes. Le rapport « idéologique » à la terre qui en faisait, nous l'avons vu, une base d'échange de prestations disparaît au profit d'un rapport « capitaliste ». La terre acquiert une valeur marchande, elle devient objet d'échange sur une base monétaire, donc objet de spéculation. En outre, une exigence nouvelle se fait jour : la nécessité d'en tirer un revenu monétaire pour payer l'impôt. Tout un nouveau jeu de relations autour de la terre apparaît alors.

Concentration et parcellisation

Des études récentes[1] mettent l'accent sur la lenteur de la formation d'un marché de la terre en Inde. Si des cessions de terre moyennant paiement ont toujours existé, d'ailleurs reconnues par le droit hindou comme par le droit musulman, elles sont restées marginales du fait du système jajmani. A l'arrivée des Anglais il n'y a pas au sens propre de marché de la terre. La transformation, en 1793, du Zamindar[2] en véritable propriétaire rencontre une résistance d'ordre culturel. Toute vente de la terre se heurte à la difficulté de prise de possession effective pour le nouveau propriétaire. Les ayant-droits (ceux qui ont depuis des générations le droit de tenure ou le droit d'occupation) ne considèrent pas que l'achat conduise à un droit supérieur au leur. La terre n'acquiert donc que peu de valeur d'autant plus qu'elle est grevée par une fiscalité très forte (en Inde du Nord, environ 80 % de la rente foncière entre 1793 et 1882, à Madras la moitié du produit brut des terres) et que les terres sont relativement abondantes jusqu'au milieu du XIXe siècle. Le propriétaire, qui a besoin d'argent, ne pouvant céder sa terre, est conduit à vendre une partie de ses droits sur la récolte. Il y a ainsi formation en chaîne d'une série de tenures intermé-

1. Cf. J. Pouchepadass dans les Annales mai-juin 1979 : Terre, pouvoir et marché en Inde (XIXe, XXe siècles).
2. Rappelons que le Zamindar est l'ancien collecteur d'impôts.

diaires. La multiplication de prélèvements contribue à alourdir les charges foncières et pèse finalement sur l'occupant effectif du sol contraint à des échéances fixes. Celui-ci peut être amené à aliéner une partie de ses droits d'occupation créant ainsi à son tour une sous-tenure. En tout état de cause, il doit réserver une part de plus en plus forte aux cultures commerciales qui, seules, peuvent lui assurer un revenu monétaire. Celles-ci, stimulées par la demande britannique et par la mise en place du réseau ferroviaire, vont connaître une extension considérable, faisant de l'Inde l'un des premiers ou le premier exportateur mondial de thé, de coton, de jute, d'arachide, d'huile de lin et de peaux. Mais cette progression spectaculaire ne peut être obtenue qu'en faisant entrer l'exploitation dans un circuit monétaire excessivement dangereux. On réserve les meilleures terres aux cultures rentables, on puise sur les réserves alimentaires qu'il faut parfois jeter sur le marché pour régler une échéance et racheter ensuite au prix fort chez le commerçant du village. On voit partout diminuer le rendement de l'agriculture vivrière alors que les revenus tirés de l'agriculture spéculative ne comblent pas toujours les dettes et les échéances.

Il ne reste plus qu'à se tourner vers le Mahajan, l'usurier-boutiquier, qui devient le pivot du village. Il tient le commerce local en achetant les grains, voire en servant d'intermédiaire dans la vente des cultures commerciales, il reçoit et revend les produits venus de l'extérieur du village. Son prélèvement est considérable : sous-paiement des produits cédés par les paysans, sur-paiement par ceux-ci de leurs achats sans possibilité de discussion. Inutile pour lui, l'usurier-boutiquier, de chercher à placer ce prélèvement dans des investissements productifs. Il est bien plus rentable d'accroître son pouvoir sur le village en prêtant à un taux usuraire un argent que gagent les hypothèques sur les droits de tenure. Lorsque celles-ci ne suffisent pas à rembourser la dette, l'agriculteur n'est généralement pas expulsé. Il sera contraint de travailler gratuitement jusqu'à extinction de sa dette, celle-ci étant d'ailleurs transmissible à sa descendance. Plusieurs millions de paysans se trouvent ainsi réduits à la situation d'un véritable servage[1]. Au Punjab, riche terre agricole, 82 % des cultivateurs sont endettés au début du XXᵉ siècle. La

1. Ce phénomène n'a pas encore disparu en dépit de lois officielles qui, périodiquement, réaffirment la proscription du travail à vie en paiement de dettes. La plus récente fut promulguée en 1976 : le nombre des travailleurs soumis au servage pour dette était estimé alors officiellement à 2 millions mais le chiffre de 3 à 5 paraissait plus proche de la réalité.

dette moyenne représente trois ans de leurs revenus. Le nombre d'usuriers estimé déjà à 50.000 en 1868 passe à 200.000 en 1911.

Dans le système rayatwari le sort du petit propriétaire sans surplus n'est guère plus enviable. Toute mauvaise récolte accentue la pression de l'usurier jusqu'au point de non retour où la terre devra être cédée. Réduit au rang de simple tenancier, voire de travailleur agricole, il grossit la masse des paysans sans terre. A la veille de l'indépendance plus de 50 % des terres sont accaparées par les usuriers.

A partir du milieu du XIXe siècle, l'introduction de la monnaie dans les campagnes a facilité la constitution d'un véritable marché de la terre. Celui-ci s'est développé avec une série de transformations contribuant à faire de la terre un placement rentable : valorisation des cultures commerciales due en partie à l'amélioration de l'infrastructure des transports, baisse de la ponction fiscale, approfondissement de la législation judiciaire et encadrement judiciaire accru qui font entrer le droit de propriété dans les faits. Les résistances culturelles (liées au rapport traditionnel à la terre) face à la vente des terres, ont donc tendance à s'atténuer.

Les transformations ainsi amorcées ne pouvaient avoir que de graves conséquences pour les campagnes indiennes. Avec la reconnaissance généralisée de la monnaie comme intermédiaire des échanges, on assiste à la naissance d'une classe de grands propriétaires fonciers : « Dans les 22 districts de la présidence de Madras (zone rayatwari pourtant pour l'essentiel) 804 landlords détiennent 40 % des terres, cependant que 3 millions se partagent le reste, sans parler de plusieurs millions de paysans sans terre » (Pouchepadass). Cette concentration de la propriété va de pair avec une parcellisation de la tenure au moment où s'accentue la pression sur la terre. Le système mis en place conduit à un véritable blocage dans les campagnes.

Des conséquences désastreuses

En effet, qui a intérêt à investir pour améliorer les rendements ? Inutile de le demander au petit propriétaire sans surplus menacé à chaque instant et pour qui l'impôt apparaît excessif. Quant au tenancier sans titre de propriété, en admettant même qu'il en ait les moyens, pourquoi le ferait-il, tout accroissement des récoltes étant en grande partie annulé par l'augmentation des prélèvements auxquels il est soumis. Enfin, le grand propriétaire est suffisamment assuré du revenu de ses placements usuraires pour ne pas avoir à intervenir directement dans la production. Les rendements restent donc très bas, particulièrement en ce qui concerne les cultures vivrières cantonnées souvent sur les terres les plus médiocres.

G. Étienne[1], note que l'Inde exportatrice de 1,2 million de tonnes de grains par an dans les années 1880 devient importatrice dès les années 1920 (1 million de tonnes en 1935). Si l'on tient compte du fait qu'une partie des cultures commerciales provient de grandes plantations (souvent britanniques), le niveau de vie de la paysannerie baisse pendant la période coloniale. Cette détérioration est accentuée à partir des années 1920 par l'explosion démographique que l'on peut en partie attribuer à l'accroissement de la misère paysanne. Ce mécanisme est bien connu. Alors que le taux de mortalité a tendance à diminuer le taux de natalité ne varie guère[2]. L'absence de moyens financiers interdit à un petit exploitant de payer des travailleurs agricoles... tâches que pourront faire des enfants très rapidemment. De même, le travailleur agricole sous-payé a tendance à envoyer ses enfants travailler sur les exploitations voisines afin d'augmenter ses revenus. Pourquoi dès lors en limiter le nombre ? Ici comme ailleurs ce sont les pauvres qui ont le plus d'enfants et spécialement les hors-castes. La forte natalité n'est plus seulement liée au souci de préserver une descendance face à une mortalité infantile catastrophique mais au désir économique d'assurer à la famille sa subsistance[3]. La pression sur la campagne est encore accrue par le repli sur les travaux agricoles des artisans des zones rurales concurrencés dans leur métier traditionnel, voire par un phénomène d'exode rural à rebours.

La multiplication des famines tout au long du XIXe siècle met bien en évidence le fait que le développement des cultures commerciales largement suscité par la demande de la métropole n'a, en aucun cas, joué un rôle moteur sur l'agriculture dans son ensemble. Avec l'introduction du droit de propriété, fondamentalement étranger à la structure sociale préexistante, on a bien assisté au développement d'un parasitisme qui, lié à l'explosion démographique, conduit à un véritable blocage des campagnes.

1. Les chances de l'Inde, (Le Seuil-1973).
2. Voir encadré sur la démographie, p. 23.
3. Le problème démographique apparaît bien ici comme une conséquence, non une cause du sous-développement.

LE PROBLÈME DÉMOGRAPHIQUE INDIEN

● **De la stabilité à l'explosion démographique**

Du IIIe siècle av. J.-C. au XVIIe siècle entre 100 et 150 millions d'habitants.

1891	236	} + 0,4 %/an	1941	318	} + 1,1 %/an	en 1980 environ
1901	238		1951	361		660 millions
1921	251		1961	439	} + 2,2 %/an	(recensement en 1981)
1931	279		1971	548		

● **Une explosion due à la baisse du taux de mortalité
conjuguée avec une stabilité du taux de natalité**

	Natalité		Mortalité	
1901-1911	49,2	‰	42,6	
1931-1941	45,2	‰	31,2	Taux de natalité : 39 ‰ en 1973
1951-1961	41,7	‰	22,8	38 ‰ en 1976
1961-1971	41,1	‰	18,9	32 ‰ en 1978

— Baisse considérable du taux de mortalité infantile :
300 ‰ au début du siècle ; 120 ‰ en 1976 ;

— Fécondité élevée : taux supérieur à 200 ‰ ; l'âge du mariage féminin est à 17 ans (la
loi de 1976 ramène l'âge légal à 18 ans pour les filles et 21 ans pour les garçons) ; à 20 ans
90 % des femmes sont mariées ; la fécondité moyenne est de 6 à 7 naissances par femme
mariée.

● **Une population jeune...**

0 à 14 ans	42 %	} 50,7 %	20 à 39 ans 27,9 %	} 43,3 %
15 à 19 ans	8,7 %	(France 32,3 %)	40 à 59 ans 15,4 %	(France 54,5 %)

60 ans et plus 6 % (France 13,2 %)

— Taux d'alphabétisation (1971) : 29,5 % (incluant les enfants jusqu'à 4 ans).
— Taux d'activité de la population : 33 %.

● **Une politique de contrôle des naissances
dont les effets restent limités.**

15,8 millions de couples protégés (en fait 10 % environ), 3,6 millions de naissances
évitées (selon les chiffres officiels).
Mais qui se heurte à des résistances religieuses, culturelles (12 % des filles en âge sco-
laire fréquentaient l'école dans les années 70) et économiques. La politique de stérilisation
forcée est en partie responsable de la chute de Mme Gandhi en 1977.

LA POLITIQUE DE PRÉLÈVEMENTS SYSTÉMATIQUES CONDUIT A UNE «DÉSINDUSTRIALISATION»

En fait, c'est tout le complexe agro-artisanal qui a été atteint dans ses fondements par l'impact de la colonisation. Au début la politique de la Compagnie des Indes, classiquement mercantile, n'a visé qu'à l'exploitation des différents marchés qui pouvaient s'offrir à elle. Par l'intermédiaire de tout un réseau d'agents locaux, elle draine vers Madras, Bombay et Calcutta (créés par les négociants anglais respectivement en 1639, 1661 et 1696) les richesses qui ont fait l'attrait des Indes : les épices bien sûr, mais aussi de plus en plus les étoffes. Cette production est connue depuis fort longtemps en Europe où les indiennes (tissu imprimé), le calicot (de la ville de Calicut), les mousselines (de la ville de Mossoul, ville des marchands arabes qui commercialisaient ce tissu issu de la plaine du Gange) sont l'objet d'une demande qui n'a fait que croître tout au long des XVIIe et XVIIIe siècles et ce malgré des tentatives de contingentement (1700 et 1720 en Grande-Bretagne par exemple). C'est ainsi que de nombreuses régions de l'Inde sont le siège d'une véritable économie mixte agro-artisanale. Des études précises réalisées à l'aube du XIXe siècle, y compris par des représentants de la Compagnie, montrent, en particulier dans la plaine gangétique, l'existence d'un artisanat massif qui, a cette échelle, peut mériter le nom d'industrie. La Compagnie, amenée à avancer aux communautés de tisserands la matière première nécessaire au développement de la production, sera naturellement portée à contrôler plus systématiquement les aires des cotonnades. On passe ainsi progressivement de simples rapports marchands à une prise de contrôle territorial qui s'accompagne, nous l'avons vu, des prélèvements fiscaux nécessaires à l'organisation militaire et administrative des zones occupées. C'est un véritable monopole commercial qu'elle peut alors imposer aux artisans, éliminant les marchands indiens et brisant la concurrence y compris par la force...

La Compagnie met à sa merci l'artisanat de village. En se procurant à bas prix une production qu'elle écoule plus cher en Europe, elle se livre à une ponction systématique. La quinzaine d'années de pillages qui suit au Bengale la bataille de Plassey, aggrave encore les prélèvements subis par l'économie indienne.

Un auteur indien fait remarquer :

« Peu de temps après la bataille de Plassey, le butin du Bengale se mit à affluer vers Londres et cela semble avoir produit un effet instantané (...) La bataille de Plassey eut lieu en 1757 et rien n'a probablement égalé la rapidité des changements qui ont suivi. En 1760 apparut la navette volante... en 1764, la machine à filer, en 1776, la mule-jenny, en 1785, le métier mécanique... »[1]

Sans entrer dans un systématisme outrancier qui attribuerait aux prélèvement sur l'Inde, l'origine financière de la révolution industrielle anglaise, force est de constater une certaine concordance de dates. De 1757 à 1815 entre 500 et 1 000 millions de livres sterling sont drainés vers la Grande-Bretagne par des sociétés anonymes opérant en Inde et dont le capital cumulé ne doit pas excéder 36 millions de livres : le rapport est considérable. Or c'est le moment où les applications techniques de découvertes souvent antérieures vont être mises en œuvre dans les domaines textiles et métallurgiques, permettant un accroissement considérable de la production.

Malgré les gains de productivité obtenus dans l'industrie textile, la production industrielle anglaise n'atteint au début ni la qualité, ni le prix de revient de la massive production indienne. Mais, désormais, c'est le patronat de Manchester qui impose sa loi économique : des taxes à l'importation qui varient de 40 à 60 % de la valeur des textiles indiens importés protègent la production du Lancashire. En outre, la production britannique ne supporte à son entrée aux Indes que des droits de 3,5 % de sa valeur, largement compensés par le fait qu'elle échappe à la taxe de circulation intérieure qui frappe les produits indiens. Le commerce des cotonnades indiennes perd une grande partie de son intérêt pour la Compagnie des Indes. Elle s'adapte aux nouvelles demandes de la métropole en fournissant les matières premières demandées : coton et indigo. L'artisan indien est ainsi privé non seulement d'une grande partie de ses débouchés mais encore d'une grande partie de ses matières premières.

L'Inde traditionnellement exportatrice de cotonnades devient alors importatrice. En 1835, les exportations ne représentent plus que le quart de celles de 1814 alors que les importations sont dans le même temps multipliées par six : l'Inde absorbe à elle seule près de 25 % des cotonnades fabriquées en

1. Naidu. La voie indienne du développement · Éditions ouvrières, 1971.

Angleterre ! Quant à la population active travaillant dans l'industrie et l'artisanat, elle stagne aux environ de 16 % dans la deuxième moitié du XIXe siècle après avoir été estimée, avec cependant une grande incertitude, à 25 % dans les années 1800. C'est le signe d'un certain repli des artisans urbains à la campagne, auquel nous avons fait allusion plus haut.

Libre-échange imposé à l'Inde, protectionnisme mis en place en Grande-Bretagne, ces mesures complémentaires ont ruiné l'artisanat textile indien et achevé de démanteler le complexe agro-textile villageois. « Entrée dans le système colonial, l'Inde est devenue anglaise : la grande puissance qui émerveillait par sa richesse est devenue un débouché pour l'industrie de l'Angleterre »[1].

LE RENDEZ-VOUS MANQUÉ
DE LA RÉVOLUTION INDUSTRIELLE

Dès lors, l'instauration du libre-échange réciproque entre l'Inde et la Grande-Bretagne ne peut être interprétée que comme le triomphe de l'industrie britannique. Les gains de productivité obtenus par la mécanisation l'ont rendue compétitive par rapport à l'artisanat indien, au reste maintenant complètement désorganisé. Là encore la chronologie est claire. Le libre échange date de 1846. La première usine de textile mécanisée est créée à Bombay en 1853 par des capitaux locaux indiens, tandis que filature et tissage du jute s'installent à Calcutta entre 1855 et 1860, avec l'espoir d'accéder au marché européen. D'ailleurs, en 1858, la révolte des cipayes sonne le glas de la toute-puissance de la Compagnie des Indes et au-delà des excès de la politique mercantile. L'Inde devenue colonie de la couronne, administrée par un Vice-roi, sera reconnue comme une entité que tenteront parfois de défendre les fonctionnaires (pourtant majoritairement métropolitains) de l'Indian Civil Service. Peuvent en témoigner les timides tentatives d'établissement de barrières douanières à partir des années 60, encore que

1. Léon, (Histoire économique et sociale du monde - T. 3), A. Colin, 1977.

l'on puisse les considérer comme plutôt destinées à financer le fonctionnement de l'administration coloniale ou les investissements nécessités par les travaux hydrauliques et les chemins de fer. Cependant, les industriels métropolitains obtiendront en 1882 la suppression de taxes à l'importation qui auraient pu apparaître comme un « protectionnisme éducateur »[1]. Dès 1881, ils avaient déjà imposé le respect de lois sociales limitant le travail des enfants et des femmes et consacrant le repos hebdomadaire. Si ces lois peuvent être interprétées comme l'expression d'un certain humanisme, on ne peut nier qu'elles soient aussi motivées par des préoccupations de la Chambre de Commerce de Manchester soucieuse de lutter contre la « concurrence déloyale » d'un textile indien avantagé par le faible coût de sa main-d'œuvre. Détruite par les Britanniques sous sa forme artisanale, la production textile indienne supportait tout le handicap de l'avance ainsi acquise par l'industrie métropolitaine et pouvait difficilement se reconstituer à grande échelle sous une forme moderne.

L'histoire des chemins de fer en Inde semble obéir à la même logique. La première ligne est créée en 1853, reliant Bombay, la « porte de l'Inde », à l'arrière-pays cotonnier. Le réseau financé essentiellement par des capitaux privés dont l'État garantissait l'intérêt, apparaît vite comme un élément dans la stratégie de pénétration de l'impérialisme britannique : il est essentiellement orienté vers les trois grands ports d'exportation et néglige les villes de l'intérieur. Son but est évident : il ne s'agit en aucun cas d'unifier l'énorme marché intérieur indien, mais de relier les zones de production au marché international.

L'installation de ce réseau allait-il cependant, ainsi qu'a pu le penser K. Marx, être un élément décisif d'une industrialisation dans un pays détenteur de minerai de fer et de charbon comme l'était l'Inde ? Il écrit en effet :

« Une fois que vous avez introduit le machinisme dans les transports d'un pays qui possède du fer et du charbon, vous êtes incapable de l'empêcher de fabriquer des machines. Vous ne pouvez pas maintenir un réseau de voies ferrées sur un pays immense sans introduire nécessairement tous les processus

1. F. List, économiste allemand du début du XIXᵉ siècle, préconise le protectionnisme pour les pays qui tentent de s'industrialiser, afin de protéger leurs entreprises de la concurrence de pays plus avancés et donc plus compétitifs. Il s'agissait pour lui de permettre le développement d'une industrie allemande face au libre échangisme agressif de la Grande-Bretagne.

industriels nécessaires aux besoins immédiats et courants des transports par chemin de fer ; à partir de là doit se développer l'application du machinisme aux branches d'industrie non directement reliées au chemin de fer. Ainsi, le système ferroviaire deviendra réellement en Inde le précurseur de l'industrie moderne »[1].

Or pour les sidérurgistes britanniques le chemin de fer indien n'était qu'un marché supplémentaire, une source de profit importante qu'il n'était nullement question d'abandonner à une sidérurgie indienne qu'il aurait d'ailleurs fallu créer de toutes pièces à l'abri de barrières douanières. On ne peut donc pas s'étonner de l'absence d'effet d'entraînement d'un phénomène entièrement propulsé de l'extérieur. De fait, il faudra attendre 1875 (plus de 20 ans après la création de la première ligne de chemin de fer !) pour que se crée la Bengal Iron and Steel Company, une société qui ne pourra se développer face à la concurrence britannique. Dans le même temps est répandue en Grande-Bretagne l'idée qu'investir en Inde est antipatriotique. Rien d'étonnant à ce que l'entrepreneur parsi Tata n'ait pu compter que sur des intérêts indiens pour constituer un capital auquel les banques anglaises ont refusé de souscrire. Ce capital permit de faire démarrer la construction d'une usine entièrement indienne qui ne produira son premier acier qu'en... 1913. Incontestablement l'installation de quelque 55 000 km de voies ferrées entre 1853 et 1914 aura profité à la sidérurgie britannique. Cet énorme marché qui aurait dû susciter une sidérurgie nationale a échappé aux intérêts indiens.

Il n'est pas faux de dire que la Grande-Bretagne a construit en partie sa révolution industrielle sur les prélèvements qu'elle a fait subir à l'Inde. On peut remarquer aussi que ces prélèvements ont systématiquement détruit le vieil équilibre du ruralisme indien : une terre indivise et un artisanat textile prospère. Force est de conclure qu'en bloquant toute possibilité d'une révolution industrielle basée classiquement sur le textile et les chemins de fer, la Grande-Bretagne porte une lourde responsabilité dans les déséquilibres indiens et au-delà dans la mise en place des mécanismes qui devaient conduire l'Inde au sous-développement.

<hr />

1. Karl Marx — Articles on India — cité par Bettelheim dans l'Inde indépendante - Maspero, 1971.

L'INDE A LA VEILLE DE L'INDÉPENDANCE:
UNE ÉCONOMIE DÉSARTICULÉE

Si aucun des mécanismes habituels de la révolution industrielle ne semble pouvoir jouer en Inde, cela ne veut pas dire pour autant que le pays ne connaisse pas, dans la première moitié du XXe siècle, une certaine croissance économique d'ailleurs souvent favorisée par les difficultés de la métropole. Celle-ci, engagée dans l'effort imposé par la première guerre mondiale, touchée de plein fouet par la crise économique des années 30, puis subissant le choc de la guerre de 39-45, perd sa suprématie économique, ce qui ne va pas sans conséquences sur l'évolution économique indienne. Un secteur moderne tend à s'implanter, qui permettra à la production industrielle indienne de quintupler entre 1900 et 1945. Une grande partie de ce secteur moderne reste aux mains des métropolitains. Les relations économiques entre la Grande-Bretagne et sa colonie passent du stade simplement commercial à un contrôle direct de la production. Cependant émerge un capitalisme indien qui s'affirme à partir de la première guerre mondiale.

Les capitaux étrangers (en majeure partie britanniques) représentent à la veille de l'Indépendance, d'après les estimation retenues par Bettelheim[1], la moitié du capital investi dans la grande industrie, les mines, les plantations, la banque et le grand commerce. Le système le plus usité est celui du « managing System Agency » : la firme locale appartient en fait à une société par actions dont le siège est à Londres, mais qui confie à des correspondants locaux (les managing agencies) le soin de diriger l'entreprise. Une large part des bénéfices est dirigée vers la « City » : de 120 à 150 millions de livres annuellement dans la première moitié du XXe siècle. Dans le même temps, la délégation des pouvoirs aux agents locaux permet à ceux-ci de contrôler un nombre considérable d'entreprises : « En 1939, 17 Managing agents contrôlent 53 filatures de jute (sur 100) et détiennent 70 % du capital de cette industrie et 4 agents en contrôlent 30 ; 18 agents contrôlent 60 sociétés houillères (sur 247) avec 60 % du capital et 4 en contrôlent 31. 17 agents gèrent 117 plantations de thé et 5 en gèrent 74 »[2].

Les capitaux britanniques s'investissent dans les productions

1. L'Inde indépendante, op. cité.
2. Pouchepadass — L'Inde au XXe siècle, P.U.F., 1975.

dont la métropole a besoin, s'efforçant d'en conserver le contrôle : pétrole, caoutchouc, jute, thé, mines,... Cependant les investissements britanniques aux Indes restent relativement faibles. Ils sont inférieurs à ceux réalisés au Canada ou en Australie alors que la population est ici trente fois plus élevée. Preuve s'il en était besoin que le but n'est pas d'engager un processus de développement économique de la colonie mais d'en tirer des profits dans les meilleures conditions. C'est la part, modeste, des profits non rapatriés qui suffit en grande partie à financer les nouveaux investissements britanniques.

Or, à côté de ce secteur apparaît un capitalisme proprement autochtone dont le développement dans le dernier quart du XIXe siècle avait été contrarié par la concurrence avec un capitalisme plus évolué. Ce sont les difficultés de l'économie britannique — exigeant à partir des années trente des rapatriements massifs de capitaux — qui ouvrent à ce capital indien des perspectives nouvelles. Celui-ci avait été longtemps détourné vers les placements fonciers et l'usure. Or la baisse des prix agricoles consécutive à la crise de 1929, fait de la terre un placement moins rentable, au moment où la concentration du capital obtenue à partir des opérations commerciales et usuraires devient suffisante pour qu'intervienne un transfert vers le secteur industriel. En effet, l'industrie ne fournit des profits jugés satisfaisants par rapport aux sources traditionnelles qu'à partir d'une taille minimale, en outre indispensable pour supporter la concurrence des industrie britanniques en place ; aussi dès cette époque le capitalisme indien est déjà très concentré. Des groupes bien particuliers s'engouffrent ainsi dans la brèche ouverte dans le monopole britannique. Les Parsis d'abord, communauté chassée au Moyen Age de l'Iran musulman et installée essentiellement dans la région de Bombay. Constituée par rapport à l'hindouisme en une véritable caste, cette communauté a su profiter de la présence britannique à Bombay. Elle a joué souvent un rôle d'intermédiaire dans le commerce des matières premières avant d'investir à son tour les prélèvements ainsi réalisés dans l'industrie cotonnière. Le cas de Jamshedji Tata est à cet égard exemplaire. Parti du commerce des fibres de coton, passé à la filature et au tissage, il sait investir à partir de 1907 dans la sidérurgie, avant de se tourner vers la mécanique et l'électricité. Le cas des Jaïns est tout aussi net. Également ment minorité religieuse, celle-ci issue de l'hindouisme, les Jaïns apparaissent comme une jâti commerçante et usurière qui se reconvertit dans l'industrie. Sri Ram illustre parfaitement cet exemple. On pourrait enfin citer les frères Birla, de la caste commerçante des Marwari qui, après avoir servi d'intermédiaire dans le commerce colonial, investissent dans diverses industries et créent un véritable empire.

Peut-on alors mettre en avant une « ré-industrialisation » de l'Inde ? Les statistiques montrent que si la population occupée dans le secteur industriel a augmenté en valeur absolue, il n'en va plus de même en pourcentage, puisque ce secteur représente 10 % des actifs en 1951, comme en 1911. Si l'on prend en compte la structure de la production industrielle le poids des industries légères apparaît déséquilibré par rapport à celui des industries de base qui ne représentent que 10 % du total. Au moment de l'indépendance, l'essentiel des machines continue à être importé alors qu'elles constituent l'exemple type d'industrie industrialisante[1].

L'industrie existe certes mais régionalement dispersée, ne concernant qu'une part infime de la population, localisée dans des secteurs peu industrialisants ; elle ne peut jouer un rôle d'entraînement. En effet, c'est le secteur archaïque qui reste prédominant. Si on estime à 1,5 million le nombre d'ouvriers concernés par le secteur moderne, 15 millions peut-être travaillent encore dans un secteur traditionnel diffus qui draine, en une multitude d'entreprises de dimensions réduites voire artisanales dans leur majorité, l'argent de castes commerçantes ; celles-ci jouant le rôle classique de l'intermédiaire bailleur de fonds et négociant.

La définition que F. Perroux donne du sous-développement semble particulièrement bien s'appliquer à la situation de l'Inde à la veille de l'Indépendance : « Un phénomène structurel de désarticulation dû à la destruction de l'ancienne économie sous la pression d'activité implantées en son sein de l'extérieur dans des conditions telles que ces activités modernes ne pouvaient pas exercer d'effet de développement sur des structures traditionnelles. Il en résulte la juxtaposition d'un secteur dépendant d'un système capitaliste externe et de secteurs se rattachant à un système pré-capitaliste ».

Le secteur industriel apparaît comme plaqué sur une société rurale à laquelle le colonialisme a fait perdre une partie de sa cohésion. Sous une apparente immuabilité les perturbations de la société indienne n'en sont pas moins réelles.

1. Le concept d'industries « industrialisantes » employé par G. de Bernis met en évidence les conséquences provoquées en amont et en aval par certaines industries qui leur permettent ainsi d'exercer un effet d'entraînement sur l'ensemble de l'économie.

LES PERTURBATIONS DE LA SOCIÉTÉ INDIENNE
A LA VEILLE DE L'INDÉPENDANCE

Nous avons montré comment l'introduction de la propriété et de l'échange monétaire ont remis en cause les bases économiques de la communauté rurale traditionnelle. A une hiérarchie basée sur des principes rituels se superpose, sans cependant s'y substituer totalement, une hiérarchie de type économique. En faisant de certaines jâtis des propriétaires (paysans-cultivateurs dans le système rayatwari, castes supérieures dans le système zamindari) on en consacre le pouvoir sur l'ensemble de la communauté. Rien ne semble plus s'opposer aux jâtis de propriétaires terriens devenues dominantes. Celles-ci peuvent avoir tendance à s'affranchir d'un système jajmani[1] qui ne se justifie plus au point de vue économique. Engagé dans un circuit monétaire, le propriétaire est tenté d'échapper au système d'échange de prestations en nature traditionnel. Plutôt que de faire appel à l'artisan local, il peut jouer sur la concurrence des produits manufacturés importés dans le village pour exercer une pression sur ses fournisseurs traditionnels ou s'approvisionner à des conditions plus intéressantes. Cela lui sera d'autant plus facile qu'il se livre à des cultures commerciales rémunératrices au détriment des cultures vivrières, bases traditionnelles de l'échange jajmani.

Certaines jâtis, comme celles des forgerons, trouvent une reconversion facile dans l'entretien du matériel aratoire ; d'autres comme celles des tisserands, voire celles des potiers, mises en difficulté par la diffusion des ustensiles manufacturés sont contraintes de se reconvertir dans les tâches agricoles ou d'émigrer vers les villes. Une nouvelle division du travail apparaît alors. Des castes entières s'engouffrent dans les métiers ou fonctions nouvelles. Les plus rémunératrices sont souvent accaparées par des castes aptes par leurs traditions à saisir les chances nouvelles : ainsi les usuriers brahmanes ou les usuriers Marwari et Chettiar (ex-commerçants). On voit même, suprême paradoxe, se constituer une véritable caste, non plus au sens rituel mais au sens de groupe à part, celle des anglo-indiens, métis issus d'union entre Indiennes et Britanniques, convertis au christianisme et qui s'emparent des fonctions de

1. Cf. pages 13-14.

conducteurs de chemin de fer et de chef de gare. G. Deleury note ainsi la concordance de la progression des chemins de fer et du christianisme : une caste nouvelle a « colonisé » une fonction nouvelle. De même les sikhs se forgeront la réputation d'être d'excellents chauffeurs. Les castes ne disparaissent pas mais acquièrent un nouveau rôle. En ville, elles sont souvent l'expression d'un phénomène de contre-acculturation : l'Indien déraciné se situe en fonction de sa caste, rejoint les quartiers de sa caste, est pris en charge par sa caste. Des concurrences se font jour entre des castes différentes pour l'obtention de certains métiers : c'est le cas du conflit entre les castes musulmanes et hindoues dans les usines textiles de Bombay. Les groupes perdants sont ceux qui, déjà rituellement rejetés, se voient maintenant contraints à accepter des tâches non seulement rebutantes mais sous-payées : les Intouchables.

Il ne faut cependant pas exagérer l'ampleur des changements intervenus au milieu du XXe siècle. Le système jajmani continue dans une large mesure à rythmer la vie des villages d'autant que les services dont la signification rituelle est la plus forte (brahmanes, barbiers, blanchisseurs, vidangeurs, par exemple) sont peu touchés[1].

S'il y a bien en 1947, en Inde, une économie désarticulée qui a enlevé au système des castes sa base agro-artisanale traditionnelle, la vivacité de la caste ne semble pourtant pas atteinte. Ne voit-on pas déjà au contraire se renforcer un système de castes qui, privé en grande partie de son support rituel, risquerait bientôt de n'être plus qu'une perversion du « modèle hindou de société » ? (selon l'expression de Deleury).

L'indépendance devait poser le problème dans des termes nouveaux.

1. Voir encadré, p. 16.

3 | L'Inde indépendante : Le choix d'une société

Imposée à l'Inde durant plus d'un siècle, la colonisation britannique a fortement perturbé le fonctionnement de la société traditionnelle sans en entamer réellement les valeurs. Si Gandhi fut le moteur essentiel de la mobilisation des masses indiennes contre la présence britannique, c'est bien parce que sa stature dépasse celle d'un homme simplement politique, elle a quelque chose de métaphysique : incarnation de l'idéal du renoncement et de la non-violence, il est l'homme du village hindou comme expression de l'ordre du monde, c'est le Mahatma (« La Grande Ame »). Or l'indépendance acquise le 15 août 1947 dans les conditions difficiles de la partition d'avec les deux Pakistan à majorité musulmane, fut négociée avec des élites indiennes dont la majeure partie, formée dans la tradition anglaise, était marquée par les valeurs occidentales : nationalisme, libéralisme. Si le courant gandhien avait porté les masses indiennes vers l'indépendance (campagne du rouet, campagne de désobéissance civile, jeûne, ...), c'est le courant « politisé » et « moderniste » qui devait organiser avec Nehru l'Inde indépendante. Ce double courant reflète la rupture intervenue sous le choc de la colonisation entre une masse restée profondément hindoue (et nous avons vu que cela implique toute une structure sociale) et une minorité acculturée par le contact avec l'occidentalisme, conduite à en emprunter les valeurs pour construire l'indépendance indienne. Ériger en effet une Inde nouvelle, n'était-ce pas constituer d'abord une nation indienne et mettre en œuvre une stratégie de développement capable de lui assurer sa subsistance et au-delà une position internationale.

UN ÉTAT DÉMOCRATIQUE INCARNANT
LA NATION INDIENNE

L'unité indienne, dont nous avons souligné l'inexistence politique au long des siècles, s'est forgée en résistance à la colonisation britannique. C'est celle-ci qui lui a donné son cadre territorial ; c'est la lutte pour l'indépendance qui a donné à la masse indienne une conscience politique. A l'instar de l'Italie au début du XIXe siècle (la comparaison est de Marx) l'Inde n'est restée longtemps qu'une « expression géographique » recouvrant une multitude de pays, d'ethnies, de langues[1]. Le seul facteur unifiant est d'ordre socio-culturel : l'hindouisme et la société de castes, aptes nous le savons à intégrer les millions de représentants d'autres religions.

Dès lors, la lutte pour l'indépendance n'allait pas sortir d'une ambiguïté fondamentale que l'on pourrait concrétiser autour de ses deux représentants essentiels : Gandhi et Nehru. Ce qui permit l'indépendance, c'est la force morale d'un Gandhi, considéré par les Hindous comme un « renonçant », mobilisant des foules énormes autour de ses campagnes non violentes (la non-violence active devant forger l'âme si elle s'appuie sur la vérité) ou du retour au Khadi (tissu traditionnel fabriqué à la main dans les campagnes). Il suffisait que le Mahatma jeûne pour que l'Inde entière entre en ébullition.

Or si Gandhi représentait authentiquement l'âme hindoue, ce qu'il exprimait c'était des valeurs. Celles-ci pouvaient être mobilisatrices face à un impérialisme britannique acculturant, elles n'en offraient pas pour autant des schémas organisateurs pour une nation indienne qui n'avait jamais existé dans le passé : aux yeux des hommes politiques de l'Inde nouvelle en gestation, familiarisés avec la sociologie politique occidentale, le modèle gandhien ne pouvait servir de base à la constitution d'un État. La transformation par Nehru du Congrès que Gandhi avait conçu comme un vaste rassemblement en un véritable parti politique marquait bien cette rupture.

Forger un État indien suffisamment centralisé pour éviter l'éclatement, mais laissant des pouvoirs aux diverses régions pour que s'expriment les différences ; forger un État laïc pour

---

1. On compte 562 États princiers, plus de 720 groupes linguistiques dont certains ne représentent que quelques dizaines de milliers de locuteurs, correspondants à un nombre considérable d'ethnies. La Constitution nouvelle reconnaîtra quinze langues. L'Hindi est destiné à devenir la langue officielle.

éviter l'écrasement des minorités religieuses ; forger un État socialiste capable de nourrir des millions de déshérités, tels furent les objectifs affirmés par le parti du Congrès. Sans abandonner la référence à Gandhi, l'élite nouvelle s'est inspirée des principes occidentaux glanés au long du cursus imposé par l'école anglaise.

Ainsi, la démocratie parlementaire inspirée du modèle britannique a semblé la mieux apte à promouvoir une conscience nationale, instrument nécessaire à la lutte pour le développement économique. La constitution est promulguée le 26 novembre 1949. Le régime repose sur le suffrage universel, reconnaissance d'un libre choix de l'individu ; il repose sur l'égalité et exclut toute ségrégation, abolissant en particulier l'intouchabilité. Si sur ce dernier point il confirme les idées de Gandhi qui souhaitait supprimer les conséquences déshonorantes du système des castes et appelait les intouchables harijan (fils de Dieu), l'ensemble ne va pas sans contradiction avec le déterminisme de caste. De même il légitime le droit de propriété individuelle (art. 31) déjà introduit par les Anglais confortant ainsi les bourgeoisies urbaines et rurales (souvent relais du parti du Congrès) dans leurs positions.

La structure fédérale s'exprime au niveau de chaque État par l'existence de parlements, devant lesquels sont responsables les Chiefs Ministers désignés par les gouverneurs représentant le pouvoir central. Le « Centre », terme utilisé par les Indiens pour désigner les organismes nationaux, conserve d'énormes prérogatives : la défense, les affaires étrangères, les transports, la monnaie et la politique économique générale. La politique nationale est mise en œuvre par la Chambre des États (Rajya Sabha) élue pour six ans par les assemblées législatives des États membres de l'Union et surtout par la Chambre du Peuple (Lok Sabha) élue pour cinq ans au suffrage universel, devant laquelle est responsable le Premier Ministre. Un Président de la République, dont le mandat, émanation d'un vote de tous les Parlementaires de l'Union, est de cinq ans, assure la permanence institutionnelle.

Autour de cette conception d'un État démocratique, laïc, fédéral s'organise une lutte des partis : le Congrès national indien, initiateur essentiel de la constitution ; une droite conservatrice le plus souvent hindouiste traditionnaliste (le Jan Sangh à l'heure actuelle) ou encore dirigée par des propriétaires fonciers (le Bharatija Lok Dal), voire des dissidents conservateurs du Congrès (le Congrès O.) ; enfin une gauche progressiste : le parti socialiste indien, le parti communiste indien ou le parti communiste indien marxiste né d'une scission du précédent. Particularité indienne cependant, l'existence de partis représentant les Intouchables (Congrès de la démocratie) ou les musulmans (Ligue musulmane).

L'histoire indienne, depuis l'indépendance, est marquée par la prééminence du parti du Congrès, considéré comme le fondateur de l'Inde nouvelle, auquel le pouvoir n'a échappé que de mars 1977 à janvier 1980. Le scrutin uninominal majoritaire à un tour permet en effet de dégager aisément une majorité. Mais, en terme de démocratie, ce scrutin a l'inconvénient d'écarter les minoritaires de la représentation. Doit-on voir en outre dans le nombre considérable d'abstentions à chaque scrutin (aux dernières élections de janvier 1980, 44 %) une limite à la démocratie indienne ?

Si l'on s'en tient aux institutions, l'Inde semble mériter le titre de « plus grande démocratie du monde » qui lui est décerné par l'Occident, celui-ci étant d'ailleurs soucieux de faire ainsi pièce au modèle possible offert par la Chine Populaire. Le jeu démocratique indien semble correspondre pour nous à des normes aisément déchiffrables. Il a forgé incontestablement une nation indienne qui s'est exprimée au fil des épreuves récentes : guerre sino-indienne de 1962, pakistano-indienne de 1965 et 1972, et a permis l'affermissement de l'Inde sur le plan international.

L'État ainsi structuré devait, selon les termes de l'article 38 de la constitution : « promouvoir le bien-être de la population en assurant et en protégeant aussi efficacement que possible un ordre social » devant garantir « une justice sociale, économique et politique ». Pour réaliser ces objectifs quels furent les moyens mis en œuvre ?

Après l'Indépendance, l'État tente de s'attribuer la maîtrise du développement. Il se propose d'accroître le niveau de vie de la population en essayant de s'affranchir à la fois des aléas climatiques et de la tutelle extérieure. Un certain nombre de décisions vont être prises dès le début des années 50. Bien que les responsables indiens, Nehru d'abord, Indira Gandhi plus tard, se réclament explicitement d'un socialisme par ailleurs inscrit dans les résolutions du Parti du Congrès[1], la question de savoir si l'on s'oriente dans la voie du socialisme ou dans celle d'un capitalisme d'État mérite d'être posée.

1. Adoptée déjà à la veille de l'Indépendance cette option est réaffirmée à plusieurs reprises notamment en janvier 1955.

UNE DÉMOCRATIE SOCIALISTE DEVANT DONNER « LA POSSIBILITÉ POUR CHAQUE HOMME DE MENER UNE EXISTENCE SATISFAISANTE »

(Nehru)

D'emblée, le capitalisme libéral est un modèle écarté. L'Inde ne peut calquer son développement sur celui des démocraties occidentales. Nous savons que les problèmes économiques de l'Inde ne sont pas l'expression d'un simple retard, mais de blocages engendrés par le colonialisme. Elle ne se trouve pas dans la situation de la France et de la Grande-Bretagne au moment de leur industrialisation. Elle doit faire face à la concurrence de pays déjà développés, dont elle aura du mal à s'isoler même au prix de barrières douanières ; elle ne pourra profiter ensuite de l'exploitation de contrées lointaines à l'exemple des pays impérialistes ; elle hérite enfin de son passé de colonie, d'une structure économique et sociale désarticulée dont elle devra, si elle veut se développer réellement, assurer l'intégration. Laisser faire les entreprises privées ne semble donc pas le moyen le plus adéquat à un homme comme Nehru, alors qu'il a eu l'occasion de connaître les succès des premiers plans quinquennaux soviétiques dans les années 30.

Les plans quinquennaux

Après une période de tâtonnements nécessités par la réorganisation du pays au moment de l'indépendance, la planification de l'économie va représenter l'instrument essentiel que se donnent les responsables indiens au début des années 50. La situation économique est en effet marquée par un certain nombre de problèmes qui constituent autant de goulots d'étranglement. Nous avons déjà souligné la faiblesse de l'industrie de base et des biens d'équipement qui, considérés comme peu rentables à court terme, ont été négligés par le capitalisme privé. Le détournement d'une épargne, au reste très faible, vu le bas niveau des revenus, vers des emplois non productifs a déjà aussi été souligné et conduit à une pénurie de capitaux. Ces facteurs parmi d'autres font apparaître comme une nécessité la planification. Il ne s'agit pas pour autant de brider totalement un capital privé dont la possession est garantie par la constitution.

Le premier Plan (1951-1956) sera ainsi caractérisé par la faiblesse des investissements et leur concentration dans le secteur agricole, ce qui est un moyen de prendre en compte les problèmes les plus cruciaux du moment. Le IIe Plan (1956-1961) tente de lancer le pays dans l'aventure de l'industrialisation rapide, au détriment des investissements dans l'agriculture et le secteur des biens de consommation[1] : il s'agit de privilégier les « industries industrialisantes » (sidérurgie, biens d'équipement) et celles pouvant se substituer à l'importation. Cette option ne sera pas remise en cause dans les plans suivants, en dépit d'échecs qui seront imputés aux mauvaises conditions climatiques et aux guerres (on est obligé de recourir à un plan annuel entre 1966 et 1969). Le tableau p. 40 rend bien compte de l'évolution de ces choix.

Une série de mesures permettent de faire entrer dans les faits les objectifs de la planification :

● protectionnisme et contingentements qui limitent par l'intermédiaire des licences d'importations l'approvisionnement des entreprises en produits étrangers, afin de créer les conditions de la mise en place d'une certaine forme d'autonomie et de permettre d'une manière indirecte d'orienter la production ;

● les licences d'investissement qui permettent de contrôler l'évolution des capacités de production des entreprises (en particulier du secteur privé) ;

● la politique de développement des entreprises publiques : elles passent de 5 en 1950 à 145 en 1977. La part du secteur public dans le Produit Intérieur Brut passe de 14,5 % en 1970-1971 à 18,6 % en 1975-1976. Plus parlant est la part du secteur public dans l'investissement industriel : 3 % en 1951, plus de 50 % en 1977.

Le gonflement du secteur public n'est pas dû à des nationalisations d'entreprises existantes (sauf pour l'énergie atomique, les munitions, les chemins de fer auxquels se sont ajoutés les banques en 1969 et les charbonnages en 1973) mais à des créations ex-nihilo dans des domaines que l'État s'est réservés sans pour autant en exclure les entreprises privées déjà implantées. En 1976, le secteur public fournissait 26 % de la valeur ajoutée industrielle, occupait 23 % de la main-d'œuvre

1. On retrouve là l'option des premiers Plans quinquennaux soviétiques : priorité à l'industrie lourde, sur lesquels Nehru avait choisi de calquer la stratégie de développement indienne.

Répartition des dépenses publiques (en %)

	1951-1956 1er Plan	1956-1961 IIe Plan	1961-1966 IIIe Plan	1969-1974 IVe Plan	1975-1978 Ve Plan (les trois premières années)
Agriculture et développement communautaire	14,8	11,7	12,7	14,7	11,0
Irrigation de grande et moyenne importance	22,2	9,2	7,8	8,6	8,5
Énergie	7,6	9,7	14,6	18,6	18,1
Artisanat et petites industries	2,1	4,0	2,8	1,5	1,2
Industries et Mines	2,8	20,1	20,1	18,2	25,6
Transports et communications	26,4	27,0	24,6	19,5	18,3
Éducation et recherche scientifique	7,6	5,8	7,7	5,7	4,1
Services sociaux	5,0	4,6	2,9	3,9	2,8
Autres	11,5	7,9	6,8	9,3	10,4
TOTAL	100,0	100,0	100,0	100,0	100,0

selon Ministry of Information 1977-78.

et cumulait 60 % du stock de capital. L'État s'est ainsi assuré le contrôle des secteurs-clés : industries de base (charbon, sidérurgie), biens d'équipement, aéronautique, constructions navales, engrais et produits chimiques. Dans plusieurs de ces secteurs se maintiennent face aux entreprises publiques, un secteur privé prospère : ainsi, dans la sidérurgie, Tata Iron Steel reste la première firme privée du pays (avec un capital comparable à la première firme française du secteur, Usinor) en face des deux plus grandes entreprises publiques indiennes, Bokaro Steel Ltd et Hindustan Steel Ltd. Globalement, la politique menée à travers les entreprises publiques conduit à la mise en place d'une infrastructure, à la prise en charge des secteurs négligés par le secteur privé (c'est ce que Nehru appelait la « socialisation du vide »).

Le recours à un capital étranger n'a jamais été exclu (Nehru s'était engagé dès les lendemains de l'indépendance à assurer le rapatriement des profits et des capitaux) mais il a donné lieu à une législation restrictive (lois de 1949, 1969, 1973, 1976) qui visait à réserver le contrôle effectif de la direction des entreprises au capital national. A l'heure actuelle le F.E.R.A. (Foreign Exchange Regulation Act) autorise l'implantation des multinationales dans les domaines de haute technologie ou dans les industries fortement exportatrices. Elles sont interdites dans les secteurs réservés à l'État et aux petites entreprises. Partout ailleurs elles devront se limiter à des prises de participation inférieures ou égales à 40 % du capital de la société. C'est à la suite de cette nouvelle règlementation que des groupes tels que Coca-Cola[1] ou I.B.M. ont été amenés à se retirer.

Formation d'une économie industrielle moderne, échappant à la domination des intérêts privés et à la dépendance étrangère, tel est l'objectif d'ensemble de la planification. Il n'a pas bien sûr échappé aux responsables indiens que ce choix n'allait pas sans la définition d'une politique agraire, base d'une autonomie alimentaire du pays et condition nécessaire pour éviter une hémorragie de devises préjudiciable à l'investissement industriel.

La réforme agraire

Un double objectif a présidé à l'élaboration des réformes : modifier la structure de la propriété foncière et diffuser le progrès technique.

Il s'agissait au lendemain de l'Indépendance de tenir compte d'une situation extrêmement complexe : d'une part aux termes de la constitution, la propriété est garantie et les questions foncières relèvent de la compétence des États ; d'autre part l'héritage colonial rendait nécessaire l'élimination des abus les plus criants. Derrière la diversité des situations et des solutions adoptées on peut mettre en évidence un certain nombre de mesures dont le principe a été déterminé par le parti du Congrès qui détenait le pouvoir :

● disparition des « intermédiaires » : on veut mettre le cultivateur réel en contact direct avec l'État afin d'éviter les ponctions opérées par une succession d'intermédiaires à l'occasion du paiement de l'impôt foncier ;

● adoption d'un plafond définissant, en fonction du type de sol et des conditions d'irrigation, la taille maximum de la propriété ;

● réglementation des différents types de tenure (fermage, métayage) assurant une protection accrue du tenancier et limitant les prélèvements.

1. Coca-Cola contrôlait 70 % du marché des boissons non alcoolisées — 200 entreprises indiennes se partageaient le reste.

On avait là les trois principes essentiels qui définissent la réforme agraire. Loin de faire disparaître la propriété privée, elle ne tendait qu'à en limiter les excès et devait dès lors être complétée par un encadrement des campagnes destiné à promouvoir un esprit collectif et moderniste : c'est la politique communautaire.

Celle-ci consista à structurer le milieu rural en 5 268 « blocs de développement » dont la mise en place commencée dès 1948 ne fut achevée qu'à la fin du IIIe Plan (1966). Chaque bloc réunit sous la direction d'un « bloc officer » une centaine de villages. Des moyens en hommes (cadres-animateurs) et en capitaux (diffusés par le canal du ministère du développement communautaire qui a disposé jusqu'au quart des fonds destinés à l'agriculture dans les années 60) doivent inciter les paysans à moderniser leurs techniques de production et pourvoir les campagnes d'une infrastructure collective indispensable (routes, école, irrigation, ...).

Cette action allait de pair avec une incitation au mouvement coopératif : mise en œuvre de coopératives de production, de crédit, de commercialisation, de services, afin de surmonter les difficultés dues à l'émiettement des exploitations et au manque de moyens techniques et financiers. C'est ce dernier point qui donna lieu aux résultats les plus spectaculaires : 140.000 coopératives de crédit couvraient en 1976 la moitié des besoins de financement de l'agriculture contre 3 % en 1950. On espérait liquider un des fléaux essentiels des campagnes indiennes : l'usure.

Ce cadre général visait à une transformation en profondeur des structures et des mentalités et devait, dans l'esprit des responsables indiens, permettre à terme une augmentation de la production d'autant plus nécessaire que la croissance de la population s'accélérait. Or, devant la lenteur des progrès accomplis, les autorités décidèrent d'utiliser massivement les possibilités offertes par la révolution verte[1] pendant les années 1965.

Ce choix productiviste conduit à centrer les efforts sur un certain nombre de produits (blé et riz) et un certain nombre de régions (les plus riches). Il bouleverse profondément l'environnement agricole par la nécessité d'irriguer, d'utiliser massivement engrais et pesticides, le tout ne pouvant se faire sans un encadrement technique et un support industriel important.

---

1. Voir les encadrés : S'affranchir de la Mousson, p. 43.
        La Révolution verte, p. 44.

S'AFFRANCHIR DE LA MOUSSON

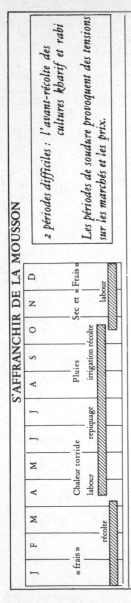

J	F	M	A	M	J	J	A	S	O	N	D
« frais »		Chaleur torride labour			repiquage			Pluies irrigation récolte		Sec et « Frais » labour	
	récolte										

2 périodes difficiles : l'avant-récolte des cultures kharif et rabi

Les périodes de soudure provoquent des tensions sur les marchés et les prix.

Culture kharif (riz) : d'avril à octobre
Culture rabi (Blé-Millet + légumineuses) : d'octobre à mars.

Deux problèmes : Contrôler la quantité de pluies tombée : drainage-stockage
Prévoir les irrégularités : stockage-irrigation.

Des solutions millénaires :
Canaux provisoires répartissant l'eau en saison humide
Canaux pérennes assurant l'irrigation de la culture rabi
Puits traditionnels captant la nappe phréatique
Tanks ou diguettes de terre barrant un vallon

Des exigences nouvelles : accroître la productivité des terres

Puits tubés à pompe électrique assurant un débit d'irrigation convenable
Barrages-réservoirs d'irrigation pouvant utiliser les variations saisonnières de chute de pluies

Des investissements importants, une énergie coûteuse.

LA REVOLUTION VERTE

Variétés à haut rendement : un bon quantitatif.

● Variétés naines donc plus résistantes et nécessitant une moindre absorption d'éléments nutritifs pour la croissance.

● Variétés peu sensibles aux variations de lumière permettant une extension saisonnière.

● Variétés à maturation courte permettant 2 à 3 récoltes par an sur le même sol.

● Variétés à forts rendements : 40 q/ha pour le blé au lieu de 12
30 à 40 q/ha pour le riz au lieu de 20.

Variétés à haute sensibilité : un bond qualitatif.

● La sensibilité aux pluies, à la sécheresse, aux maladies et aux parasites nécessite la création d'un environnement spécifique :

- engrais :   ⎧ 120 kg d'azote ⎫   ⎧ 140 kg d'azote ⎫
  par ha   ⎨ 60 kg de potasse ⎬ blé ⎨ 80 kg de potasse ⎬ riz
  (en moyenne) ⎩ 60 kg de phosphate ⎭   ⎩ 80 kg de phosphate ⎭

- eau : assurer en permanence l'irrigation et le drainage.

- travail : multiplication des récoltes, désherbages, épandages.

- le maintien des rendements nécessite de racheter de nouveaux hybrides chaque année.

- l'information et la vulgarisation relayant la recherche.

Révolution verte et multinationales : de la dépendance alimentaire à la dépendance technologique.

- En amont lourdeur des consommations intermédiaires d'origine chimique (dont le coût est aggravé par la crise pétrolière), nécessité des pompes d'irrigation.

- Multiplication des consommations intermédiaires secondaires : herbicides, insecticides d'autant que le milieu naturel résiste à l'introduction de ces variétés inadaptées.

- Recours nécessaire à des technologies étrangères : Ford, Rockefeller, derrières lesquels apparaissent les grandes firmes spécialisées dans l'agro-alimentaire : les investissements de la

B.I.R.D. ou l'aide au développement sont ainsi directement utilisés par les transnationales : l'usine d'engrais de Bombay ou le complexe de Coromandel sont directement financés par des firmes japonaises ou américaines.

De nouveaux déséquilibres ?

● Des succès spectaculaires (?) : accroissement considérable de la production du blé, et de façon moindre du riz, mais souvent au détriment des légumineuses (pourtant riches en protéines)... en outre le goût des produits obtenus est souvent mal accepté.

● Des risques pour l'éco-système : les récoltes multiples nécessitent une irrigation intense et un apport considérable d'éléments minéraux. Or cet apport dépasse les capacités d'absorption naturelle des plantes : les résidus s'accumulent dans le temps où le sol s'appauvrit. Elles nécessitent un apport constant en engrais et pesticides qui risquent de polluer la nappe phréatique, rendant impropre la consommation des eaux (dans un district du Punjab on a compté jusqu'à 35 % des puits rendus inutilisables).

● Des tensions sociales : seules les terres les plus riches et seuls les agriculteurs les plus prospères peuvent bénéficier de la Révolution verte.

La Révolution verte, malgré des résultats immédiatement spectaculaires, laisse subsister de nombreux problèmes et en crée de nouveaux. La politique agricole mise en place qui, dans l'esprit du législateur, devait permettre l'intégration économique de l'ensemble du monde rural, s'est-elle donnée les moyens de ses ambitions ?

C'est poser là tout le problème des réformes mises en œuvre par l'Inde indépendante. Dotée d'institutions qui en font un État influent sur la scène internationale, l'Inde a obtenu un certain nombre de résultats économiques spectaculaires (voir Chapitre 4). Or, les réformes constatées ici, qui visent essentiellement les structures économiques, laissent inchangées dans leurs fondements les structures sociales de caste, tout en ne s'attaquant pas réellement, en dépit du socialisme affirmé par ses dirigeants, aux inégalités nées de l'appropriation privée développée à partir de la colonisation. Dès lors la confrontation entre une structure économique profondément renouvelée et une structure sociale largement traditionnelle doit conduire à des blocages qu'il importera de dégager et d'analyser (voir Chapitre 5).

4 | Le paradoxe économique indien : performances de la misère ou misère des performances ?

Avec un Produit National Brut estimé en 1978 à 112,7 milliards de dollars, l'Inde figure au 13ᵉ rang des puissances mondiales. Cette performance révèle l'ampleur des progrès accomplis depuis les lendemains de l'Indépendance. Cependant, se contenter de cette mesure globale du développement se révèle très insuffisant. Avec un P.N.B. par habitant[1] de l'ordre de 180 dollars, l'Inde se voit reléguer en fin de liste, parmi les pays sous-développés dont la situation peut être considérée comme des plus préoccupantes. C'est le paradoxe le plus frappant auquel on se trouve confronté lorsqu'on cherche à analyser l'économie indienne de ces dernières décennies. On ne peut se contenter ici, comme d'ailleurs dans les autres pays en voie de développement, d'invoquer le rythme de croissance soutenu de la population. Le ralentissement de la croissance industrielle depuis le milieu des années 60 laisse à penser que si les difficultés auxquelles se heurte le développement indien n'ont pu être surmontées, ceci tient bien sûr à leur ampleur et à leur diversité, mais bien plus encore sans doute parce qu'elles prennent racine dans l'économie et la société indienne toute entière.

1. Aussi contestable que soit cette notion qui gomme les énormes inégalités économiques et sociales.

DES RÉSULTATS SPECTACULAIRES

A partir de l'Indépendance, la république indienne connaît une croissance accélérée par rapport à celle des dernières années de la colonisation. Malgré un ralentissement après 1965, la croissance a été réelle depuis 1950 :

(Production évaluée à prix constants, année de base 1948).	taux de croissance annuel moyen en %	
	1951-1964	1964-1974
Produit National	3,7	2,9
Production agricole	3,2	2,7
Production industrielle	7,5	3,5

Economic and Political Weekly - Bombay (déc. 1977).

Une croissance industrielle rapide

Bien que la croissance ait touché l'ensemble des secteurs, c'est le secondaire qui a connu le développement le plus rapide. Nous partirons donc de lui pour voir comment s'est concrétisée la logique affirmée par les planificateurs indiens et qui a présidé à leur volonté de croissance.

On peut être frappé, au-delà de leur augmentation en volume, par la multiplicité des fabrications indiennes (métallurgie, machines-outils, mais aussi aéronautique et même électronique). La volonté de rendre l'Inde auto-suffisante dans de nombreux domaines a conduit à une diversification de la production par substitution aux importations. C'est là le résultat de la politique de protection qui a permis d'abriter les industries naissantes de la concurrence extérieure. Elles se sont donc développées en remplaçant petit à petit les biens importés par des biens produits sur le territoire national. Cependant, tous les secteurs n'ont pas progressé au même rythme, ainsi que le montre leur taux de croissance annuel moyen :

En %	1960-1965	1965-1970	1970-1975
Industries de base	10,4	6,2	5,2
Industries de biens d'équipement	19,5	-1,7	5,1
Industries de biens intermédiaires	7	2,5	2,6
Industries de biens de consommation ...	5	3,9	1,6

Economic and Political Weekly - Bombay (août 1978).

Entre 1955 et 1975, alors que les produits manufacturés passaient de l'indice 74 à l'indice 208, les biens d'équipement passaient de l'indice 35 à l'indice 624 (base 100 en 1960). C'est là le résultat de la priorité accordée aux secteurs des produits de base et des biens d'équipement à travers les différents plans quinquennaux et qui leur a permis de se développer plus vite que l'ensemble du secteur industriel.

Cela traduit le recentrage intervenu depuis l'indépendance et la volonté de lutter contre un développement extraverti tel qu'il avait été mis en œuvre pendant la colonisation.

A cette option correspond un taux d'investissement relativement élevé qui atteint son niveau le plus haut, 19,7 % en 1966-1967 (contre 6,8 % en 1950 et 13,9 % en 1965). Ceci ne doit pas surprendre si l'on se souvient que les industries lourdes ont pour caractéristique d'être fortement capitalistiques. Un mouvement en grande partie auto-entretenu se développe ainsi à partir du secteur des biens d'équipement et des produits de base. De fait, toute production d'acier nécessite des biens d'équipement dont la production nécessite à son tour de l'acier ; de même la production de machines exige des machines... Ce mécanisme, basé sur un choix politico-économique (celui du plan), ne peut fonctionner que pendant un temps limité correspondant à la mise en place d'une infrastructure productive. C'est bien lui qui permet d'expliquer la rapidité de la croissance industrielle pendant la période 50-65 et non un simple effet de rattrapage qui se serait produit dans les premières années de l'indépendance. S'il ne débouche pas sur un développement du secteur des biens de consommation, il risque à terme de conduire à des blocages.

Le ralentissement prévisible devait conduire les entreprises du secteur public à diversifier les productions. L'exemple de Hindustan Machine Tools est à cet égard significatif. Créé en 1953 avec l'assistance technique du groupe suisse Oerlikon, H.M.T. doit au départ s'appuyer sur des licences étrangères multiples. La firme s'affranchit peu à peu de ces contraintes et appuyée sur un réseau qui compte à l'heure actuelle 3 000 ingénieurs, elle devient capable de concevoir et de développer son propre matériel, tout en multipliant les types de machines afin de couvrir l'ensemble du marché. Elle est devenue ainsi l'une des dix premières entreprises mondiales de machines-outils. Le marché se révélant trop étroit, en dépit d'une exportation de 10 à 15 % de sa production, la firme se lance, cette fois avec des licences japonaises au départ, dans la fabrication de montres, après avoir développé un énorme secteur de productions d'ampoules électriques : les machines-outils arrivent à ne plus représenter que 50 % de son chiffre d'affaires. Il y a là incontestablement le résultat d'une double politique d'indépendance qui conduit à s'affranchir de la tutelle étrangère tant en ce qui concerne le produit fabriqué, qu'en ce qui concerne la technologie. Nul doute à cet égard que l'effort accompli en matière d'éducation, notamment au niveau de l'enseignement supérieur (l'Inde se situe au 3e rang dans le monde pour le nombre de ses scientifiques et de ses techniciens) n'ait été un facteur favorable à la diffusion d'une technologie moderne et en particulier à l'utilisation de technologies importées.

Or, si cette stratégie multi-produits semble avoir été, pour le secteur public, le signe d'une industrialisation qui s'approfondissait, elle apparaît comme une constante d'un secteur privé qui, dans ses éléments dynamiques, s'est caractérisé dès l'origine par un haut niveau de concentration du capital (cf. chapitre 2) et a vu là la possibilité de rentabiliser à court terme ses investissements.

On a vu ainsi se renforcer des empires industriels déjà en formation à la veille de l'indépendance par suite de l'affaiblissement des positions britanniques. Tata apparaît ici une fois de plus exemplaire : 400 000 employés, 25 % de la production sidérurgique, premier producteur de camions (en partie sous licence Mercedes-Benz), créateur d'Air India, ayant développé ses investissements dans la mécanique lourde, les services (une chaîne d'hôtels par exemple...) ; un chiffre d'affaires de 1,25 milliard de dollars en 1978. Mais, malgré sa modestie relative Godrej est peut-être encore plus révélateur de l'état d'esprit d'un certain patronat indien. A Bombay, les domaines Godrej sont de véritables villes dans la ville : 25 usines dont certaines entourées de parcs de verdure, 12 000 salariés dont 10 000 logés sur place, des écoles accueillant 3 500 enfants, une entreprise de type paternaliste ; les salaires ont beau rester modestes, « l'environnement Godrej » joue le rôle d'une véritable sécurité sociale (inexistante en Inde) qui fait apparaître le salarié comme privilégié : en témoignent les murs qui protègent non seulement les bâtiments industriels mais aussi les zones d'habitation de la pression de la foule misérable des banlieues de Bombay. Les productions Godrej vont « des ponts roulants de fort tonnage au savon, en passant par les machines-outils, les réfrigérateurs, les meubles de bureau et les machines à écrire[1]. »

Ces grandes entreprises, à la production diversifiée, dont la stratégie consiste à rentabiliser au mieux les investissements grâce à une mobilité sectorielle des capitaux méritent le nom de conglomérat. Elles alimentent le phénomène de la sous-traitance. « Philips of India a 560 fournisseurs, dont 480 font un chiffre d'affaires bien inférieur à un million de francs. Aux portes de chez Escorts, à New-Delhi, entreprise qui fabrique elle aussi une gamme de produits très variés, du tracteur marqué Ford aux véhicules deux-roues, on peut voir une litanie de charrettes attelées d'un cheval ou d'un âne livrant la production de ses sous-traitants (565 firmes de chacune 20 personnes environ)[2]... »

Ces milliers de petites et moyennes entreprises, profitant du bas coût de la main-d'œuvre, ne sont pas contraintes d'immobiliser un capital important sous forme de machines. Les petites entreprises représentent ainsi 76 % du nombre des entreprises et utilisent 6,5 % du stock de capital fixe industriel. Elles peuvent dès lors réorienter rapidement leur production en fonction du marché, voire pour certaines d'entre elles parvenir même à exporter (habillement en particulier). Elles contribuent d'une manière non négligeable à l'emploi, d'où la volonté plusieurs fois affirmée par les pouvoirs publics d'en favoriser l'extension.

Ainsi le poids industriel de l'Inde apparaît incontestable, situant le pays entre le 10e et le 13e rang mondial. Il fut longtemps occulté par l'ampleur des problèmes de l'agriculture. Or, là aussi, les résultats enregistrés ces dernières années ont conduit l'Inde à se placer — si l'on raisonne en niveau absolu — parmi les grands pays producteurs.

Les succès de l'agriculture

L'Inde a connu en 1977 et en 1978 deux années de récoltes abondantes qui ont permis pour la première fois la constitution de stocks substantiels. Ceux-ci représentaient en 1978 quelque 18 millions de tonnes de céréales (soit environ 15 % de la récolte de l'année). Il ne faudrait pas en conclure trop vite que

1. M. Tardieu. Le Nouvel Économiste, 30 avril 1979.
2. R. Le Moal, L'Usine Nouvelle. 24 mai 1979.

Taux de croissance annuel moyen %	1951-1965	1965-1976
Riz	3,6	1,8
Blé	4,0	7,7
Canne à sucre	3,5	2,5
Coton	5,1	1,3
Céréales alimentaires	3,1	2,4
Céréales non alimentaires	3,4	2,1
Ensemble des produits	3,2	2,3

Economic and Political Weekly, déc. 1977.

le pays s'est affranchi des caprices de la mousson[1] : la récolte kharif de 1979, handicapée par une sécheresse persistante dans le Nord et les régions centrales, fut mauvaise ; la récolte rabi du mois d'avril 1980 a subi à son tour les conséquences de ce déficit en eau. Mais au-delà de ce phénomène conjoncturel, le fait est là : en années normales l'agriculture indienne a acquis la capacité de dégager des excédents qui lui évitent de recourir à la charité internationale ou à des importations coûteuses. La progression de la production affecte l'ensemble de l'agriculture, y compris les cultures commerciales.

Si dans un premier temps les résultats sont à mettre essentiellement au compte d'un accroissement des superficies cultivées sous forme d'une culture encore largement extensive (la faiblesse des investissements agricoles liée aux priorités choisies n'ayant permis qu'une lente augmentation des rendements) il est évident que dans un second temps, seule l'intensification a permis la poursuite de la croissance enregistrée. Les surfaces irriguées se multiplient, environ 2 millions d'hectares supplémentaires chaque année, l'emploi des engrais se diffuse (1965 : 757 000 tonnes ; 1976 : 3,4 millions).

L'essor apparaît extrêmement net pour le blé ; c'est là, nous le savons, que la révolution verte s'est révélée la plus efficace. Le rythme de croissance de la population appelle cependant de nouvelles innovations : va-t-on vers ce que d'aucuns appellent déjà la Révolution blanche ? Il s'agirait d'utiliser les énormes potentialités offertes par le plus gros troupeau de bovins du monde[2] à partir d'expériences originales menées dans le Gujerat par la coopérative laitière AMUL. Soucieux d'un impact publicitaire, les organismes internationaux coordonnant le Programme Alimentaire Mondial (P.A.M.) ont appelé « Opera-

1. Voir les encadrés pp. 43-44.
2. Voir encadré : Le nouveau mythe de la vache sacrée, p. 59.

tion flood » (opération déluge) l'action qui consiste à déverser sur l'Inde les excédents de poudre de lait des pays riches. L'argent dégagé par le gouvernement lors de la vente de ces produits est utilisé pour mettre en place un réseau de laiteries sous forme coopérative. De fait, c'est dans le domaine laitier que le mouvement coopératif, dont le gouvernement voulait faire l'une des bases de la restructuration des campagnes, a rencontré ses plus vifs succès. Il regroupe environ 30 000 coopératives laitières de base qui fournissent à la fois un revenu régulier aux agriculteurs et un moyen de nutrition à bon marché pour la population. Il ne faut pas cependant s'exagérer l'ampleur d'un phénomène qui reste limité par l'absence d'une « révolution fourragère » seule apte à donner une productivité réelle au troupeau.

Cette auto-suffisance agricole qui semble se confirmer, ajoutée aux performances industrielles, explique l'évolution positive de la balance des paiements dans la période récente.

Une évolution favorable des échanges extérieurs

Plusieurs raisons expliquent le déficit persistant de la balance commerciale indienne dans les premiers temps de l'indépendance. D'une part, la position de l'Inde dans le commerce mondial a eu tendance à se détériorer. C'est là le résultat d'une politique de substitution de produits nationaux aux importations (qui freine du même coup le dynamisme des exportations) et d'une stagnation de la demande mondiale pour les produits qu'elle exportait traditionnellement (thé, coton, jute, sucre,...). D'autre part, les années de mauvaises récoltes ont rendu nécessaire, jusqu'à une époque très récente, l'importation massive de produits agricoles. Mais, à partir de 1966, une politique plus offensive en matière de commerce extérieur est mise en place qui cherche à promouvoir les exportations de produits à forte valeur ajoutée (contrairement aux matières premières) comme les biens d'équipement.

Part de certains produits en % du total des exportations ou des importations

	Exportations		Importations	
	1961	1975	1961	1975
Alimentation	32,6	30,7	13,5	19,8
Matières premières	17,7	13,1	20,7	30,8
dont pétrole			(8,8)	(25,9)
Produits chimiques	1,2	3,1	8,2	15,9
Biens d'équipement	0,6	6,4	33,7	15,0

Problèmes économiques, n° 1506, janvier 1977.

La structure des importations s'est également déformée et tend à montrer une certaine industrialisation de l'économie indienne puisque la part des produits manufacturés et surtout des biens d'équipement dans le total des importations a régressé.

Le taux de croissance annuel moyen des exportations est passé de 1,04 % sur la période 1951-1963 à 5,5 % sur la période 1964-1975. Ainsi a-t-on pu découvrir avec surprise la capacité concurrentielle d'une industrie indienne qui a été capable ces dernières années d'emporter face à des entreprises occidentales une série de marchés à destination du Tiers-monde : « construction d'aéroports en Libye, installation de réseaux à haute tension en Arabie Saoudite, vente de turbines géantes à la Malaisie et à la Libye » (Le Monde 3/1/80).

Le taux de couverture des importations par les exportations n'a cessé de s'améliorer depuis les années 65 jusqu'à la crise de 1973 (il passe de 58,2 % en 1951 à 95,4 % en 1973). La dégradation du taux de couverture consécutif à la crise de l'énergie (le taux est tombé à 72,2 % en 1974-75) semble surmontée dès 1976, le solde est positif en 1976-1977 et 1977-1978. Même si le rapport est redevenu moins favorable, il n'est pas tel qu'il ait entraîné une dégradation du solde de la balance des paiements. Les rentrées de devises liées aux transferts effectués par la main-d'œuvre indienne émigrée (en particulier dans les pays du golfe persique) ainsi qu'aux dépenses des touristes en Inde ont contribué à un accroissement des réserves de devises qui, en 1978, atteignaient 6,5 milliards de dollars, soit la valeur d'une année d'importations. Nul doute que l'indépendance énergétique escomptée à partir des années 85 (les gisements off shore au large de Bombay seront alors en pleine production) ne permette d'améliorer durablement la situation si l'on considère que les produits pétroliers ont représenté ces dernières années environ le tiers des importations indiennes en valeur.

L'Inde des années 80 se présente donc sous un jour bien différent de celle des années 45. Mais, au-delà des chiffres, la permanence des problèmes tendrait à prouver que la croissance indienne bute sur des obstacles qu'il conviendrait d'analyser.

UNE CROISSANCE BLOQUÉE...

Le ralentissement déjà noté de la croissance depuis le milieu des années 60 constitue un premier indicateur des difficultés que rencontre la poursuite du processus entamé au lendemain de l'indépendance. Une analyse plus détaillée va nous fournir d'autres indices qui tendent à montrer que l'Inde a connu ce que l'on pourrait appeler un « non-développement ». La croissance elle-même rencontre déjà ses propres limites. Non seulement son rythme diminue mais les capacités de production qu'elle a créées restent dans une certaine mesure sous-utilisées...

Capacités de production utilisées (en %)

	1960	1965	1975
Biens de consommation	90,3	88,1	79,8
Biens intermédiaires	89,9	89,4	80,3
Biens d'équipement	76,8	84,9	61,6
Produits de base	84,6	86,8	82,0
Ensemble des Produits Manufacturés	87,7	87,9	77,9

Economic and Political Weekly, déc. 1977.

... et surtout dans le secteur des biens d'équipement qui avait exercé un effet d'entraînement sur l'ensemble de l'économie pendant les années 60.

La phrase d'Alain Vernholes[1] « les fruits de la récolte ont plus profité à l'Inde qu'aux Indiens » à propos de la situation dans le secteur primaire pourrait être généralisée à l'Inde toute entière. En effet, et c'est sans doute le plus grave, malgré les progrès spectaculaires de la production, le niveau de vie, aussi bien à la campagne qu'à la ville a stagné. La ration journalière moyenne de produits agricoles par habitant n'a pas augmenté

1. Le Monde, 28 janvier 1980.

du fait de la forte croissance démographique et sa composition s'est même détériorée si l'on tient compte de la stagnation de légumineuses (dont l'apport en protides est important). Le problème de la malnutrition est donc loin d'être résolu, même si, comme on l'a déjà signalé, le spectre des famines semble s'être éloigné. Alors que le taux de croissance de la production de biens alimentaires a été en moyenne annuelle de 2,5 % entre 1960 et 1977, le rythme de croissance de la population s'est situé entre 2,1 et 2,5 %. Les mêmes constatations peuvent être faites au niveau industriel. Une étude de l'Indian School of Social Science cité par le même A. Vernholes montre que malgré le formidable développement industriel les gains réels dans l'industrie ont stagné de 1939 à nos jours.

La montée des tensions sociales débouche sur des grèves de plus en plus nombreuses : le nombre de jours de travail perdus pour fait de grève fut de 9 millions en 1978, contre 2,2 en France où la population industrielle est moitié moins forte. De même de violents mouvements agitent en permanence la campagne où des incidents opposent les propriétaires fonciers et les travailleurs sans terre.

Enfin le rythme de croissance n'a pas réussi à enrayer la montée du nombre de chômeurs (au moins 16 millions dans les zones rurales et 4 dans les zones urbaines, soit 10 % des actifs). Ce chiffre qui s'est accru au fil des plans quinquennaux successifs doit continuer son ascension étant donné le rythme de croissance démographique (environ 2,5 % par an). Même si la croissance économique reprenait à un rythme soutenu, elle ne pourrait permettre de dégager un emploi pour les quelque 6 millions de personnes supplémentaires qui arrivent chaque année sur le marché du travail. On a calculé en effet que dans les meilleures années (taux de 7 % en 1978) les créations d'emploi n'avaient pas excédé le chiffre de 260 000. Ce chômage touche également les cadres et les ingénieurs formés en surnombre par rapport aux débouchés offerts. Si l'on ajoute aux chômeurs le nombre des sous-employés, ne trouvant à s'occuper que quelques heures par semaine, on approche la réalité du phénomène du chômage qui concerne plus de 40 millions de personnes. Nous avons là l'illustration du fait que l'industrie a été relativement peu créatrice d'emploi. L'énorme bond en avant industriel de l'Inde s'est accompagné d'une stagnation de la part de la population active du secteur secondaire : 10 % en 1951, 11,1 % au recensement de 1971 (Primaire 72 % — Tertiaire 16,9 %).

Par ailleurs, l'inflation concourt à limiter les ressources de la population évaluées en termes réels. Même si après l'instauration de l'État d'urgence Indira Gandhi a pu ramener le taux d'inflation de 25 % en 1974 à un niveau proche de 0 en 1977, les prévisions entre mars 1979 et mars 1980 donnaient un taux de plus de 20 %. L'accélération du phénomène (2,3 % en moyenne par an de 1951 à 1964, 9,2 % de 1964 à 1975) ne va pas sans poser des problèmes politiques (le Janata vient d'en faire les frais aux dernières élections de janvier 1980).

La pauvreté est toujours aussi aigüe. Les statistiques officielles donnent pour 1977-1978 le chiffre de 46,33 % de la population en deçà du seuil de pauvreté (47,85 % dans les campagnes, 40,71 % en ville), ce qui représente environ 270 millions de personnes.

... POURQUOI ?

Certains essaient d'attribuer au ralentissement de la croissance l'ampleur persistante du phénomène de la misère. Mais comment expliquent-ils alors ce ralentissement ? Des économistes indiens invoquent de manière privilégiée les problèmes agricoles qui joueraient un rôle de frein sur l'ensemble de l'économie. Les limites de la Révolution verte priveraient l'industrie des stimulants susceptibles de provenir d'un secteur primaire prospère. Le poids de la campagne est certes fondamental avec 42,7 % du revenu national issu de ce secteur et un développement plus rapide de sa part aurait pu à la fois fournir des aliments en quantités plus importantes pour nourrir une population en expansion rapide, des matières premières à l'industrie, et constituer une demande pour les biens industriels. Cependant, si ce facteur a sans doute joué, il demande à être nuancé. L'évolution des termes de l'échange inter-sectoriel a constamment depuis l'indépendance joué en faveur de l'agriculture et plus précisément des gros propriétaires terriens. Ceci tient vraisemblablement aux ambiguïtés de la politique économique du gouvernement qui a sans cesse cherché à ménager à la fois les intérêts des propriétaires terriens et des entrepreneurs industriels. La politique d'investissement a, comme on l'a vu, privilégié le secteur secondaire, mais la politique des prix a tendu à laisser les prix agricoles augmenter plus vite que les prix industriels. Les profits industriels en ont été amputés d'autant. Finalement l'interaction entre les deux secteurs apparaît complexe. Plus fondamentalement, on est en droit de se demander à quelles conditions une croissance plus rapide du secteur primaire aurait réellement joué un effet d'entraînement sur le secteur secondaire. Pour que l'agriculture puisse impulser la croissance de l'industrie, il faudrait avant tout que l'ensemble de la paysannerie soit à même d'acheter des biens d'équipements comme des biens de consommation. Ce qui est alors en cause, c'est la struture très inégale de la répartition des revenus et de la terre dans ce secteur ; nous y reviendrons.

D'autres études ont attribué à la stratégie mise en œuvre par l'État depuis l'indépendance, la responsabilité dans le marasme actuel. On fait tour à tour référence à la lourdeur du secteur public qui se révèlerait inefficace, au flottement de la politique industrielle qui découragerait les investissements privés, aux barrières douanières qui protègeraient de manière excessive les industriels de la concurrence extérieure, ce qui les inciterait peu à faire des efforts de compétitivité. Cependant cette stratégie a su pendant une première période faire la preuve de son efficacité et on en a montré les résultats positifs au début de ce chapitre. Il faut donc se demander plutôt pour quelles raisons ce modèle de développement a cessé de fonctionner de manière acceptable et s'il n'a pas lui-même secrété ses propres blocages qui entreraient en action dans la période actuelle.

Ce qu'il s'agit d'expliquer, c'est le ralentissement de l'investissement, celui-ci ayant joué un rôle moteur dans la première période. Le ralentissement de l'investissement public, souvent incriminé, peut être attribué à l'ampleur des dépenses à laquelle le gouvernement doit faire face depuis le milieu des années 60 (conflit sino-indien, indo-pakistanais, série de mauvaises moussons...). Pourquoi l'initiative privée n'a-t-elle pas alors pris le relais ? La réponse paraît évidente lorsque l'on constate l'existence de capacités de production inemployées alors que des pénuries existent dans de multiples domaines. L'étroitesse du marché intérieur apparaît bien alors comme la raison déterminante du blocage actuel. Le modèle de développement choisi après l'indépendance a fonctionné de manière efficace, tant qu'il a pu s'appuyer sur la production de biens d'équipement d'une part et la production de biens de luxe (destinés aux couches privilégiées) d'autre part.

Mais cette consommation a rapidement atteint ses propres limites. «Dans les années 60, les dépenses par tête ont augmenté d'un peu moins de 4 %. Dans les campagnes, pour 5 % des plus pauvres elles ont diminué ; pour 20 %, elles n'ont pas changé, tandis que les 20 % des moins pauvres ont augmenté de 4 % seulement. Dans les régions urbaines, la différence est encore plus choquante. Les dépenses des 10 % les plus pauvres ont diminué de 15 %, pour 40 % elles sont demeurées stagnantes, tandis que 20 % ont augmenté leur situation de plus de 5 %»[1]. Au total, plus du tiers du revenu national annuel va à 10 % de la catégorie supérieure, tandis que les 50 % inférieurs n'en touchent que 22 % : « les riches s'enrichissent, les pauvres s'appauvrissent ».

Selon les chiffres officiellement publiés par le ministère des finances indien, 40 millions de personnes (7 % de la population) auraient accès au marché des biens de consommation manufacturés ce qui montre bien l'étroitesse du marché. Or, choisir un mode de développement autocentré (et limitant du même coup exportations et importations) nécessitait un profond bouleversement des rapports sociaux (conduisant à une extension de la consommation à toutes les couches de la population). Une comparaison avec le Brésil serait à cet égard édifiante : si l'on a pu parler de miracle brésilien conduisant à une forte croissance, c'est bien au prix d'une énorme inégalité dans la répartition des revenus (les 50 % les plus pauvres n'intervenant que pour 13,7 % dans le revenu national, alors que les 5 % les plus riches y entrent pour 39 %) mais aussi d'une très forte pénétration étrangère liant le pays au marché mondial.

En ne se donnant pas les moyens de ses choix, l'Inde, après une première phase de croissance sans développement (dans la mesure où elle n'a pas résolu les problèmes de chômage, de misère qui indiquent bien que la désarticulation subsiste) se trouve confrontée du fait même de ce non-développement à une crise de croissance.

La croissance indienne ne s'étant pas accompagnée d'une transformation suffisante de la répartition des richesses — et au-delà de la structure sociale — se heurte à des contradictions inhérentes au modèle choisi. Il est bien sûr tentant d'incriminer classiquement (et un peu schématiquement) une bourgeoisie indienne que l'on rendrait responsable de la perversion de choix socialistes affirmés par un pouvoir politique où elle serait représentée en force. Ne faut-il pas se demander plutôt, en partant de la spécificité de la société indienne — le système des castes — comment les castes dominantes ont su utiliser le modèle de développement choisi après l'indépendance pour élargir leur pouvoir.

1. Projet, n° 81.

LE NOUVEAU MYTHE DE LA VACHE SACRÉE

● Avec environ 180 millions de bovins et 60 millions de buffles, l'Inde a le plus gros troupeau du monde (17 % des vaches laitières, 50 % des buffles) ; mais une vache indienne donne un demi-litre de lait par jour (15 à 20 en Europe), une bufflesse 2 litres.

● Mère nourricière, la vache a un caractère sacré dans l'hindouisme... à tel point que l'on peut trouver à Madras par exemple un asile pour « vaches du troisième âge » financé par des Hindous orthodoxes et aidé par la municipalité[1]. Périodiquement des partis religieux demandent la légalisation de l'interdiction de l'abattage (mais ni les musulmans, ni les hors-castes ne sont végétariens, ni même toutes les castes de deux fois nés).

● Un cercle vicieux : la prolifération du troupeau bovin

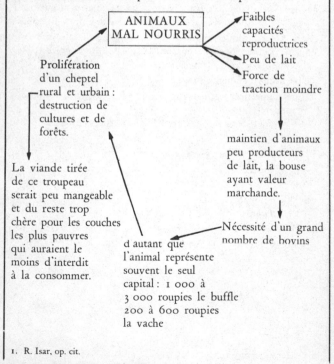

ANIMAUX MAL NOURRIS

Faibles capacités reproductrices
Peu de lait
Force de traction moindre

Prolifération d'un cheptel rural et urbain : destruction de cultures et de forêts.

La viande tirée de ce troupeau serait peu mangeable et du reste trop chère pour les couches les plus pauvres qui auraient le moins d'interdit à la consommer.

maintien d'animaux peu producteurs de lait, la bouse ayant valeur marchande.

Nécessité d'un grand nombre de bovins

d'autant que l'animal représente souvent le seul capital : 1 000 à 3 000 roupies le buffle 200 à 600 roupies la vache

---

1. R. Isar, op. cit.

- Une nécessité : révolution fourragère et révolution blanche.

- Éliminer le bétail des villes : « la croissance urbaine s'est accompagnée d'une migration de troupeaux de vaches et de buffles vers les villes... Celle-ci a pris de telles proportions que des agronomes se sont demandés si on n'assistait pas à un dépeuplement animal de certaines campagnes[1]. »

- Sélectionner le bétail par croisements avec des animaux importés hautement productifs.

- Échapper au rythme des saisons (qui réduit considérablement la production laitière de décembre à juin) par la promotion de plantes fourragères.

- Offrir aux agriculteurs un encadrement sous forme de coopératives laitières implantées surtout dans les arrières pays des grandes villes.

- Un exemple : A.M.U.L.

Une union de coopératives regroupant 250 petits producteurs siégeant à Anand (Gujerat) : Anand Milk Union Limited.

Une laiterie moderne fonctionnant en « trois-huit » et fabriquant : lait en poudre, beurre, margarine, fromage, biscuits, chocolat.

Une usine d'aliments pour bétail.

Une équipe de vétérinaires. Le contrôle systématique du lait en matières grasses.

Des revenus de 5 à 6 roupies par jour assurés aux petits producteurs.

- Toujours les mêmes goulots d'étranglement :

- Le manque d'espace pour les cultures autres que vivrières et commerciales : l'assolement à base de cultures fourragères apparaît difficile.

- Le manque de moyens financiers.

- Le faible impact sur le régime alimentaire des couches les plus pauvres de la population.

---

1. Le Monde, 10 mars 1980.

Un modèle indien ?
Une société à la recherche d'une stratégie de développement

Trente-trois ans d'indépendance marqués par l'affirmation des principes démocratiques et socialistes et pourtant une persistance des inégalités, un niveau de vie resté faible, une population rurale dont le poids est sans évolution notable, pas de jour sans qu'apparaisse dans la vie quotidienne une manifestation du système des castes (depuis les annonces matrimoniales des journaux, jusqu'aux incidents violents opposant castes dominantes et intouchables). Comment expliquer un tel décalage entre les principes affichés et la réalité ?

La permanence du système des castes permet de rendre compte d'un certain nombre de dysfonctionnements : l'appartenance de caste continue à servir de toile de fond à la vie politique, les choix économiques se heurtent dans leur application au pouvoir des castes dominantes qui les utilisent à leur avantage. Un tel système, confronté au changement, semble montrer une prodigieuse capacité d'adaptation, au prix sans doute de larges transformations.

A partir de là, une question se pose : la caste, élément structurant de la société indienne ne doit-elle pas être prise en compte explicitement dans tout projet sur le devenir indien ?

DÉMOCRATIE A L'OCCIDENTALE
OU DÉMOCRATIE A L'INDIENNE?

Derrière la façade démocratique indienne se cache une réalité extrêmement complexe. La greffe de la démocratie occidentale sur la vieille société hindoue donne une coloration particulière à la réalité politique indienne, ne serait-ce que parce que cette greffe introduit clairement la notion d'égalité et de libre choix individuel contraire à l'idéologie de groupe du système des castes. Si le langage politique des grands partis nationaux nous semble familier, il est évident que le ressort du pouvoir en Inde ne peut être le même qu'en Occident. Dans un pays où 70 % des électeurs sont des ruraux pour la plupart encore analphabètes, fortement marqués par le système caste-religion, c'est ce dernier qui est le moteur essentiel de tout choix politique.

Ainsi les grands partis politiques se voient obligés, même si pour certains ils le récusent dans leur langage quotidien, de jouer à fond les castes. Le suffrage universel, théoriquement expression d'un choix individuel du citoyen conscient de ses responsabilités, ne peut totalement échapper à la discipline du dharma. Ce qui est bon l'est avant tout pour la caste, pas pour l'individu, d'où la tentation du vote de caste. Localement les partis essayeront le plus souvent de s'identifier à des jâtis dont ils emportent le vote en bloc : ils choisiront le candidat dans la jâti dont ils recherchent les suffrages. Ainsi le parti du Congrès s'est longtemps identifié aux jâtis paysannes et aux intouchables. Un rapide bilan des élections depuis 1952 montrerait la permanence, à de rares exceptions près, du vote détourné par le système des jâtis. Celles-ci peuvent basculer en bloc d'un parti à un autre en fonction de leur intérêt de caste. Ainsi le triomphe du parti communiste au Kerala en 1957 est largement explicable par le vote de deux jâtis : les nayar (jâti paysanne) et les irhava (jâti quasi-intouchable) en faveur d'un parti qui épousait leurs querelles de jâti. Dès 1959, les nayar retiraient leur appui au parti communiste (d'ailleurs dirigé par un brahmane), celui-ci ayant eu le tort de proposer une réforme de l'enseignement qui aurait conduit à la coexistence dans les mêmes salles de classe des nayar et des irhava (considérés rappelons-le comme intouchables). On retrouverait dans d'autres États ce jeu politique autour de grandes jâtis dominantes.[1]

1. Voir Deleury — Le Modèle indou.

Cependant les observateurs s'accordèrent à noter, lors des élections anticipées de 1971 qui virent le triomphe de Mme Grandhi, que pour la première fois la masse des électeurs se prononça plus pour un programme (axé sur la lutte contre la pauvreté) qu'en fonction de recommandations de chefs de jâtis dont le souci était justement l'élimination du Premier Ministre. Mais la déroute de la même Mme Gandhi, en mars 1977, s'explique en grande partie par le fait qu'elle s'était aliénée la jâti des chamar (une des principales jâtis intouchables) par suite d'excès dans la campagne de stérilisation forcée menée parmi ceux-ci, ainsi que la jâti des jât, inquiète des contrôles sur le commerce des grains. Les deux chefs de ces jâtis, Ram d'un côté, Charan Singh de l'autre, quittèrent le parti du Congrès. Ainsi, dans les Etats où ces jâtis sont majoritaires, et compte tenu du scrutin majoritaire à un tour, le Congrès (Indira) perd tous ses sièges alors qu'il conserve tous ses sièges dans les quatre Etats du Sud de l'Inde.

Comment interpréter le retour de Mme Gandhi au pouvoir en janvier 1980 ? Il semble que, comme en 1971, les grands problèmes nationaux : inflation, sécurité ont plus joué que les problèmes de castes. Pour ne donner qu'un exemple, le parti de M. Ram n'emporte que 79 des 116 sièges réservés aux populations intouchables et tribales (Scheduled class).

Que conclure ? Incontestablement le jeu démocratique est perturbé par l'intervention du système des castes. La caste devient souvent consciente d'un rôle politique qu'elle peut assumer et qui lui permettra de renforcer la position de ses membres.

Un tel système est dangereux car seules les castes dont les membres sont les plus nombreux ont une chance d'être représentées : essentiellement jâtis paysannes ou « jâtis » intouchables qui prennent ainsi revanche sur les jâtis de brahmanes dont les hommes politiques sont d'ailleurs les plus tentés par le marxisme ou le socialisme (quasiment tous les dirigeants de ces partis sont brahmanes). Les jâtis économiquement dominantes, dont le pouvoir était compensé dans le système traditionnel par le contre-pouvoir des jâtis de brahmanes, cumulent maintenant pouvoir politique et pouvoir économique. La concentration des pouvoirs ainsi obtenue ne peut que renforcer les aspects inégalitaires du système.

Le castéisme alimente également une tentation communaliste qui consiste à jouer sur les particularismes religieux notamment en s'appuyant sur la Ligue musulmane censée représenter les « jâtis » musulmanes ou bien sur le San Sangh soutenu par les intégristes hindous.

Si l'on ajoute la tentation régionaliste [1] à laquelle le gouvernement central a dû céder en accordant des frontières d'Etat non plus héritières des tracés coloniaux mais tenant compte des langues dominantes, on s'aperçoit que la démocratie indienne obéit à des normes complexes : le jeu politique national de type occidental triomphera-t-il ou bien y a-t-il une véritable « acculturation politique, dans laquelle le processus démocratique et la dynamique de castes se transforment l'un l'autre, et engendrent progressivement un système original de démocratie à l'indienne » (Pouchepadass) ? Il est évident qu'à l'heure actuelle, comme le note le même auteur « l'adéquation parti-caste ou parti-faction peut relativiser considérablement les idéologies » et que les castes restent encore largement maîtresses du jeu politique en l'absence de leader d'envergure nationale.

SOCIALISME A L'INDIENNE OU CAPITALISME D'ÉTAT ?

Loin de disparaître, le secteur privé a très largement profité de la croissance économique des dernières décennies. Il n'y a pas eu de substitution du secteur public au secteur privé. Ce dernier, en maintenant des positions dans les secteurs les plus rentables, est assuré d'un certain développement en dépit de la multitude des règlementations destinées justement à en limiter l'extension. Le fait d'être obligé de demander des licences non seulement pour importer, mais aussi pour investir, étendre ou modifier sa production, n'empêche pas certains groupes bien placés de prospérer. Ainsi le groupe Tata a obtenu l'autorisation de construire une centrale électrique privée. De même, dans un secteur aussi surveillé que celui du ciment, sont mis en œuvre des projets d'investissements privés.

Tout se passe comme si l'État, incapable de mobiliser

---

1. Il faut d'ailleurs bien voir que la tentation régionaliste repose en grande partie sur l'existence de zones linguistiques dont l'extension est le plus souvent liée à des systèmes de caste. Pourquoi une caste dominante ne profiterait-elle pas de cette particularité pour construire un pouvoir régional face au pouvoir du centre.

l'énorme masse indienne dans un projet économique et social d'envergure, devait utiliser les hiérarchies traditionnelles pour mobiliser l'épargne et créer un marché. Ainsi la politique anti-capitaliste est plutôt une politique de contrôle de l'État sur les grandes entreprises visant à permettre le développement d'une multitude de petites et moyennes entreprises auxquelles est même réservé un certain nombre de productions compatibles avec des unités de taille modeste et nécessitant un investisse-ment limité. Il s'agit essentiellement de biens de consommation non durables et de grande diffusion parmi lesquels on retrouve les productions liées au textile et au cuir, les savons et allu-mettes, les poteries, des pièces de bicyclettes... Susciter partout la création de P.M.E. ne veut pas dire pour autant éliminer les grandes entreprises privées. Le M.R.T.P.A. (Monopolies and Restrictive Trade Practices Act) leur abandonne en effet un certain nombre de secteurs industriels importants et soigneuse-ment recensés comme les engrais, les machines agricoles ou les machines-outils. La politique de développement systématique des P.M.E. ébauchée par le parti Janata dans sa brève période de passage au pouvoir sera-t-elle poursuivie ? La cohérence du projet semblait évidente : utiliser les ressources des paysans riches locaux, soulager les tensions sociales en créant des emplois au niveau des villages[1], offrir par l'intermédiaire des P.M.E. et de la distribution de revenus, des débouchés à la grosse industrie... tout en faisant l'économie de réformes de structures profondes qui, seules, auraient permis d'ébaucher un véritable socialisme.

De la même façon la recherche de l'indépendance nationale n'a pas empêché le maintien de positions importantes du capital étranger. En 1951, Bettelheim[2] évaluait à 50 % environ la part du capital contrôlé par l'étranger. Les intérêts étrangers représentent encore aujourd'hui 16,4 % du capital indien total et 20,5 % de la production. Là encore, les lois de limitation, si elles ont conduit, nous l'avons vu, à l'élimination spectaculaire d'I.B.M. et de Coca-Cola, n'empêchent pas les firmes qui acceptent le jeu des 40 % de prospérer. C'est le cas de Hindus-tan Lever, huitième firme indienne privée suivie d'Union Car-bide, Philips, Brooke Bond, Siemens, ACC-Vickers, Babcock.

---

1. Ces petites entreprises pourraient apparaître aussi comme une tentative de restaurer le complexe agro-artisanal détruit par la colonisation.
2. L'Inde indépendante (Maspero — réédition 1971)

Répartition des entreprises étrangères par pays d'origine

Pays d'origine	1973	1974	1975	1976	1977
Royaume Uni	320	319	301	277	276
États-Unis	88	88	81	80	81
Japon	17	21	20	20	20
R.F.A.	12	12	12	11	11
Pakistan	12	6	6	6	6
Suisse	11	11	9	8	8
France	8	8	7	8	8
Canada	7	7	7	6	6
Pays-Bas	5	6	7	6	6
Autres	58	62	60	58	59
TOTAL	538	540	510	481	482

Ministry of Information India, 1978.

On peut noter, d'une part la relative stabilité du nombre des entreprises étrangères malgré le F.E.R.A. qui date, rappelons le, de 1973, et d'autre part l'héritage de l'implantation britannique (plus de la moitié des firmes étrangères, et aussi la plus forte baisse relative). Si l'implantation de ces firmes est en partie officiellement justifiée par les nécessités de transfert de technologie, il n'est pas évident que les mesures prises pour assurer ces transferts, soient suffisantes pour éviter de laisser basculer l'Inde dans une certaine dépendance technologique.

La dépendance de l'Inde vis-à-vis de l'extérieur tient aussi à l'aide étrangère dont elle n'a pas pu se passer depuis l'indépendance du fait du déficit des échanges extérieurs jusqu'aux années 70. L'Inde est même le pays en voie de développement qui a reçu l'assistance la plus importante en valeur absolue (ce qui ne l'empêche pas d'être parmi les moins aidés si l'on raisonne en terme d'aide par habitant). La dépendance est d'autant plus nette que l'aide bilatérale a représenté 80 % du total des fonds reçus par l'Inde depuis l'Indépendance. Or, cette aide bilatérale est le plus souvent une aide liée à la fourniture de produits spécifiques par le pays aidant. En outre, elle peut s'accompagner de pressions politiques. Les Etats-Unis ont réduit considérablement leur aide directe à l'Inde après la guerre indo-pakistanaise de 1972 (leur part dans l'aide totale reçue passe de 38 % à 5 %). Par contre, l'aide multilatérale fournie par la

Banque Mondiale et l'A.I.D. (Association Internationale pour le Développement), organismes dans lesquels la contribution américaine est forte a représenté 34,2 % du total de l'aide entre 1972 et 1977, ce qui accroît du même coup la part de l'aide non liée dans les dernières années.

L'importance de l'aide reçue depuis l'Indépendance conduit à ce paradoxe qui fait qu'une part importante de l'aide annuelle (environ la moitié depuis 1972) sert à amortir les dettes accumulées. Leur remboursement représente chaque année plus du quart de la valeur des exportations. Si l'on ajoute que l'essentiel de l'apport nouveau des pays de l'O.P.E.P. (14 % du total de l'aide reçue en 1977) sert à financer le coût des importations pétrolières, on ne peut que s'interroger sur le sens profond d'une aide qui somme toute ne fait que limiter dans une proportion minime les conséquences néfastes du dérèglement des échanges internationaux.

Le programme économique mis en œuvre semble donc moins déboucher sur une forme de socialisme que sur un capitalisme d'Etat[1] qui ne peut se passer de l'aide étrangère et qui verrait l'ébauche d'une solidarité entre une bourgeoisie urbaine animant le développement industriel et une bourgeoisie rurale naissante.

RÉFORME AGRAIRE OU «KOULAKISATION» ?

Ainsi les tentatives de réforme à la campagne conduisent moins à une forme de socialisme rural qu'à ce que certains ont pu appeler une véritable koulakisation[2]. Nous trouvons dans les limites de la réforme agraire[3] une illustration du décalage existant entre le langage tenu par le Congrès au niveau central et la pratique du niveau local — où, rappelons-le, le pouvoir est

1. Bettelheim soulignait dans l'Inde indépendante (Maspero 1971): «Le caractère irréaliste des déclarations officielles relatives au «socialisme» indien». Il ajoutait : «ce terme ne désigne rien d'autre qu'un capitalisme d'État».
2. Ce terme a le mérite d'attirer l'attention sur le problème de l'enrichissement de paysans qui ont profité des réformes agraires en Inde. Il fait référence à la période de la Nouvelle Économie Politique (N.E.P.) au cours de laquelle certains paysans ont pu profiter de la liberté de vendre leurs surplus pour reconstituer les bases d'un véritable capitalisme rural dans la Russie soviétique des années 20.
3. Voir l'exemple donné en encadré, p. 69.

détenu par les jâtis dominantes de paysans propriétaires. Si les intermédiaires (zamindars) ont bien disparu partout (et comment pourrait-il en être autrement puisque la réforme avait un aspect fiscal évident), les grands propriétaires fonciers, la plupart du temps eux-mêmes membres du Congrès, avaient de multiples moyens d'échapper aux conséquences les plus néfastes pour eux des lois agraires (quand elles existent). Il était facile de tourner des lois sur les plafonds en procédant par exemple à des partages fictifs de domaine. R. Isar, dans « l'Inde au-delà du mythe et du mensonge » rapporte ainsi : « la législation comportait tant d'échappatoires que les grands propriétaires et les paysans nantis avouaient cyniquement qu'ils avaient pu prendre toutes précautions pour ne rien perdre de leurs biens si un jour les lois étaient appliquées. La terre, déclara un député au Parlement, a été transférée à des proches ou même à des prête-noms qui sont en réalités des vaches, des chèvres et des chiens ».

Le plafonnement de la propriété a permis de déclarer 800 000 ha de terres en excédent, dont 400 000 seulement redistribués (à la date de 1971). Avec les terres antérieurement possédées par l'État, 4 millions d'ha de terre ont été effectivement redistribués. Il n'en reste pas moins que 20 % de la population rurale est actuellement sans terre.

L'inégalité dans la répartition des terres reste considérable.

≤ 1 ha	50 %	
entre 1 et 2 ha	19 %	Répartition du nombre des exploitations
entre 2 et 4 ha	15 %	selon leur taille (India — a reference
entre 4 et 10 ha	11 %	annual, 1977-78).
≥10 ha	5 %	

31 % des exploitations ont une superficie supérieure à 2 ha et peuvent être considérées comme rentables. Elles se partagent 70 % de la superficie cultivée. C'est à leur propos que l'on peut parler de koulakisation. Ce sont les seules à pouvoir en réalité entrer dans le mouvement coopératif. Il faut noter qu'un certain individualisme né de l'appropriation récente de la terre au détriment des anciens intermédiaires est un obstacle aux coopératives de production. Par contre, les paysans riches et moyens peuvent chercher à bénéficier de la création éventuelle de coopératives de crédit ou de commercialisation. Eux seuls ont les moyens d'acquérir une part dans la coopérative, ou disposent d'excédents suffisants à commercialiser pour que leur récolte puisse servir de gage à un emprunt.

LES RÉFORMES AGRAIRES

● Répartition par caste de la propriété foncière.

Castes	Nombre de familles		Nombre de familles possédant de la terre		% de propriétaires par castes		Superficie possédée ha		% de terre possédée	
	1952	1971	1952	1971	1952	1971	1952	1971	1952	1971
Brahmanes	24	10	24	10	100	100	115,2	35,2	89,4	22,2
Paysans[1]	50	101	5	66	10	65,3	6,0	109,6	4,6	68,9
Artisans, services et commerce[2]	15	26	9	14	60	53,8	7,6	13,4	6,0	8,5
Caste assistée[3]	1	3	—	1	—	33,3	—	0,6	—	0,4
TOTAL	90	140	38	91	42,2	65	128,8	158,8	100,0	100,0

● Répartition par profession des familles.

%	1952	1971	%	1952	1971
Cultivateurs	24,4	37,1	Services, commerce	7,8	6,4
Cultivateurs et ouvriers agricoles	5,6	14,3	Ouvriers agricoles	43,3	28,6
Cultivateurs avec autre profession	18,9	13,6			

Quelques conclusions :

- Création d'un pouvoir des castes paysannes (castes dominantes) au détriment des brahmanes : une partie des familles brahmanes a émigré pour trouver du travail dans l'administration ; des familles de Kapus se sont installées dans la rue des brahmanes ; elles dominent le Panchayat de village.

- Pression accrue des castes artisanes sur la terre : elles profitent de l'activité engendrée par l'enrichissement des Kapus et acquièrent des terres.

- Même les castes assistées ont pu acquérir quelques terres mais dans une moindre mesure.

- Tout cela conduit à une aggravation des conditions du fermage. La pression sur la terre et la crainte des propriétaires de voir leurs terres redistribuées conduisent à la conclusion de contrats de fermage oraux qui ne respectent pas les lois.

- Enfin s'il y a eu une certaine redistribution de la terre, 71 % des propriétés ont moins de 2 ha : les inégalités ont été simplement déplacées, la grande masse des nouveaux propriétaires ayant des exploitations minuscules.

1. Castes Kapu, Segidi, Telaga, Pondari.
2. Castes Vaishyas (Marchands), Jangam (Tailleurs), Chakali (Blanchisseurs), Mangali (Barbiers), Kamsali (Charpentiers et forgerons)
3. Harijans

Les paysans aisés ont ainsi la possibilité de contrôler les coopé-ratives à leur profit. Leur position dans le village, la solidarité de caste qui les unit, font qu'ils contrôlent également les Pan-chayat de village (équivalent du conseil municipal) et au-delà les Panchayat de bloc ou de district (qui à la différence des pre-miers sont désignés au suffrage indirect). Rappelons que dans l'esprit du législateur, ces Panchayat avaient pour but d'offrir aux villageois la possibilité de s'exprimer sur les problèmes posés par le développement rural : il s'agissait de restituer à la base une initiative souvent monopolisée par les officiers de blocs ou les animateurs ruraux désignés par le pouvoir central dans le cadre de la politique communautaire (cf. le chapitre 3). Les investissements sont ainsi souvent détournés en vue d'améliorer des terres de grandes propriétés déjà rentables (canaux d'irrigation par exemple) ou comme le souligne G. Étienne[1] en vue d'attirer des suffrages par le biais de pavages de routes, ou de constructions de bâtiments officiels. Il est vrai que certains de ces investissements, s'ils ne paraissent pas forcé-ment prioritaires, peuvent contribuer à créer à la longue un nouvel état d'esprit favorable au changement.

Force est de constater que l'application de la Révolution verte pose le même type de problèmes. Basée, nous l'avons vu, sur une optique productiviste, elle ne peut que renforcer les con-tradictions de la société indienne. Ce sont les castes domi-nantes, celles qui ont bénéficié de la réforme agraire et de la politique communautaire, qui ont pu mettre en œuvre les objec-tifs de la Révolution verte. Seuls aptes à supporter les frais inhé-rents à la culture des semences, bien placés aussi pour solliciter les aides, bénéficiaires d'un état d'esprit qui privilégie les résul-tats agricoles immédiats au détriment des réformes en profon-deur qu'ils ont eux-mêmes contribué à bloquer, les paysans riches ont monopolisé les revenus tirés de cette Révolution verte. De même ils pèsent en faveur d'un marché libre des céréales, facteur d'inflation, seul capable de leur assurer le pro-fit immédiat auquel ils prétendent avoir droit.

Même si la Révolution verte n'a pas connu une extension aussi importante qu'on a pu le penser, elle a créé par sa valeur d'exemple un esprit de consommation chez beaucoup de pro-priétaires relativement aisés. Ainsi dans « Inde, les Parias de l'Espoir », est-il noté :

« Les chances de l'Inde » (Seuil, 1973)

« Lorsqu'un propriétaire foncier achète un tracteur, cet investissement entraîne souvent un chômage accru au village et une augmentation des prix. Un tracteur au Tamil Nadu se loue 40 roupies l'heure soit 26 FF. En 1 h 30, il laboure 1 acre, soit 40 ares. Un ouvrier agricole avec sa paire de bœufs mettra deux jours pour le même travail à 9 roupies pour la journée. Malgré cette différence, trop souvent le propriétaires préfère un tracteur. Pourquoi ? Il évite toute discussion sur les prix, il croit à tort que le labour est meilleur et acquiert du prestige. Pourtant, au niveau national, l'utilisation de cette technique est coûteuse. Comme la demande de nouveaux tracteurs est actuellement supérieure à 800 000 par an, les écarts entre la demande et l'offre intérieure sont couverts par des importations. Et le coût le plus important de l'importation des tracteurs reste la perte d'emplois ».

De façon plus générale la dépendance extérieure est accrue par la Révolution verte (cf. l'encadré p. 44). En outre les profits attendus de la « nouvelle stratégie agricole » incitent des propriétaires à reprendre le contrôle direct de leur terre. Tout se conjugue donc pour alourdir le climat social des campagnes.

70 % des exploitants survivent difficilement sur les 20 % de terre échappant aux paysans aisés. L'amélioration de la protection des tenures se heurte à une force d'inertie considérable et il n'est pas certain que les fermiers aient gagné quelque chose à la promulgation des lois agraires. Un nombre important d'entre eux a été évincé dès le début par des propriétaires, soucieux d'éviter les conséquences d'un transfert de la propriété à celui qui cultive réellement la terre. La menace seule de ce transfert a suffi ; d'ailleurs la réglementation du fermage, là où elle a été élaborée et appliquée, rendait celui-ci moins intéressant pour le propriétaire. Qu'en est-il pour les fermiers restants ? Un rapport de la commission du Plan notait en 1972 que 82 % du nombre total des fermiers ne disposaient pas de la sécurité de la tenure. Les tenanciers appartiennent souvent à des jâtis dominées et ont d'autant plus de mal à affirmer leurs droits. Leur situation reste précaire dans la mesure où la pression sur la terre combinée à un endettement ou à des hypothèques sur les récoltes ou le matériel, conduit à la conclusion de contrats oraux qui tournent les lois. Le prélèvement reste souvent supérieur à 50 % du produit de la récolte... et les hommes de main du propriétaire foncier sauront, avec la complicité passive des autorités locales, faire régner une certaine loi et mettre les récalcitrants au pas.

Or, 40 % des travailleurs agricoles sont sans terres et leur situation est plus précaire encore. La pression sur le sol est telle qu'un partage des grandes propriétés conduirait à une parcellisation extrême de l'unité d'exploitation. C'est là l'indice d'une « faim de terre » considérable. Elle se traduit par la multiplication d'occupations de terre par la force, de résistances passives contre les grands propriétaires, voire d'appropriation de récoltes par des paysans pauvres[1].

Le grand problème du développement économique de l'Inde n'est-il pas cette force de travail énorme, inemployée et rejetée aux marges du secteur économique moderne, d'autant plus qu'elle bénéficie de moins en moins de la solidarité du système des castes dont il est temps d'analyser maintenant l'évolution.

LA SOCIÉTÉ INDIENNE EN MUTATION

Loin de disparaître avec l'industrialisation[2], le ruralisme, appuyé sur le système des castes continue à marquer la société indienne.

Ruralisme

Une analyse du tableau de la répartition de la population entre la ville et la campagne fait apparaître la lente évolution de l'urbanisation et ce malgré l'industrialisation incontestable.

Pourcentage de la population totale	1921	1931	1941	1951	1961	1971
Rurale	88,8	88,0	86,1	82,7	82,0	80,1
Urbaine	11,2	12,0	13,9	17,3	18,0	19,9

1. Un rapport du Ministère de l'Intérieur cite les États où ces troubles sont les plus fréquents : Assam, Bengale Occidental, Tripura, Manipur, Orissa, Bihar, Uttar Pradesh, Madya Pradesh, Rajasthan, Gujarat, Maharashtra, Punjab, Tamil Nadu, Kerala.
2. Rappelons la phrase de Marx : « l'industrie moderne, résultant du système ferroviaire dissoudra la division du travail héréditaire sur laquelle sont fondées les castes indiennes ». On Colonialism, p. 80 (cité par Dumont).

Cela justifie l'image d'îlôts d'industrialisation dans une société dont la caractéristique essentielle reste le ruralisme. D'ailleurs la masse de la population et sa densité interdisent un transfert massif vers les villes. Ainsi on constate que, de 1951 à 1971, sur les 187 millions de personnes qui s'ajoutent à la population indienne, 140 millions sont à mettre au compte de l'accroissement de la population rurale alors que 47 millions seulement gonflent la population urbaine : ces chiffres sont significatifs de la pesanteur des campagnes et non d'une absence d'industrialisation ainsi que nous avons pu le constater dans le bilan économique dressé au Chapitre 4. Il s'agit bel et bien de la permanence d'une société rurale (d'un ruralisme) dans laquelle 80 % des actifs campagnards travaillent effectivement dans le secteur primaire. Notons en outre que plus de 12 % des actifs urbains travaillent également dans le secteur primaire, preuve de l'interpénétration profonde des villes et des campagnes : les grandes étables insérées dans le tissu urbain de Bombay et destinées à fournir le lait frais à la population de la ville en sont un témoignage.

Cette ruralité définit les sociétés asiatiques qui seules, ont pu voir se multiplier une population nombreuse à partir des communautés rurales[1]. Il y a ici au sens propre un encerclement des villes par les campagnes ou, si l'on veut, un encerclement des noyaux d'industrialisation par le ruralisme. Il est clair que pour longtemps celui-ci continuera à être porteur des valeurs hindoues, donc du système des castes. Au delà, on peut affirmer avec Bettelheim que « le facteur primordial du maintien des survivances du régime des castes en milieu urbain est la perpétuation du système en milieu rural ».

Castes dans la ville

On aurait pu penser que le contrôle social plus diffus engendré par la ville allait permettre d'atténuer les contraintes liées à la naissance et conduire à un certain effacement du système des castes. Il n'en a rien été pour deux raisons essentielles.

---

1. On a pu parler ici de sociétés hydrauliques. Les conditions climatiques exigent la mobilisation d'une main-d'œuvre considérable pour les travaux de drainage et d'irrigation. Les rendements obtenus sont compatibles avec une forte densité rurale. Les rendements obtenus par l'agriculture sur brûlis et l'espace nécessaire excluent au contraire des fortes densités (Afrique, plateau du Dekkan).

En premier lieu la famille élargie (Joint Family) constitue toujours le relais le plus important entre la ville et le village et entre l'individu et la caste. Même si les conditions urbaines conduisent à une séparation des lieux d'habitat, la famille étendue continue à jouer un rôle considérable. Il n'est pas rare de voir les belles-filles venir s'installer au moins temporairement sous le toit du père de leur mari qui reste en tout état de cause le chef de famille (rôle qui peut être joué par le fils ainé en cas de disparition du père). Celui-ci gère, lorsqu'ils existent, les biens familiaux qui restent indivis. Comme le mariage est considéré comme un moment décisif de la vie, il demeure son affaire. Jusqu'à une date récente, la jeune fille découvrait son futur époux le jour du mariage. Il n'est pas question de soulever la réprobation de la caste (dont la famille est partie prenante) en choisissant un conjoint étranger au groupe endogame de la caste. Le mariage est le plus sûr garant de la séparation des castes. Ajoutons que si les Panchayat (conseils) de caste ne jouent que peu de rôle en ville, les liens constants que le citadin garde avec son village d'origine le mettent sous le regard de son groupe : comment un jeune brahmane pourrait-il y paraître en compagnie d'une shudra ? La situation ultime est même celle d'un véritable dédoublement : côtoyer des « intouchables » au travail, notamment dans la vie économique moderne, ne veut pas dire pour autant accepter de gommer une différence inscrite dans la conception du monde qu'ont les hindous. Des enquêtes récentes ont montré que l'endogamie reste la règle acceptée par quasiment tous, y compris les étudiants : on peut arriver à fréquenter des individus de caste différente, on se mariera dans sa propre caste.

En second lieu, seule la caste offre une contrepartie au déracinement opéré sur l'individu par le passage du village à la ville. La solidarité de caste permet de trouver une structure d'accueil. Des rues et des quartiers se constituent ainsi à partir d'une jâti. Si cette jâti exerce encore son métier traditionnel, on aboutira à la rue des quincailliers, la rue des fleuristes, le quartier des tisserands, semé de temples dédiés aux dieux essentiels : le tout contribue à donner aux villes indiennes un aspect d'énormes villages « transposés » à la ville. Le « bidonville » indien est souvent constitué des maisons rurales en torchis bâties par les différentes jâtis aux portes des villes. Qui dit quartier de caste dit aussi école de caste, ce qui contribue à maintenir les sépara-

---

1. Revoir l'annonce matrimoniale reproduite, p. 10.

tions. La jâti peut également être un élément décisif pour obtenir du travail pour peu que le directeur, le chef du personnel ou le chef de bureau soit de la même caste. Dans le « Guardian » du 7/11/1979, le sociologue indien Srinivas montre la persistance de véritables quotas de caste admis par tous pour l'obtention de sièges dans les institutions éducatives, de postes de fonctionnaires (d'ailleurs les formulaires de demandes d'emploi contiennent la mention de la caste). La caste peut apparaître aussi comme une société d'entraide assurant à ses membres un certain nombre de services et une protection sociale que l'État n'assure pas : foyers, logements, coopératives, voire banques, hôpitaux, ... La solidarité à l'intérieur de la caste s'en trouve renforcée.

Mais si la caste garde ainsi son importance, l'interdépendance des castes qui était l'un des éléments-clé du système tend à disparaître au profit d'une concurrence inter-castes qui se développe en particulier dans la recherche d'avantages ou d'emplois. Ce phénomène, que nous avions déjà noté à la fin de la période coloniale, se renforce encore par le pouvoir politique que certaines castes acquièrent du fait de leur nombre. Ce « castéisme » nouvelle manière apparaît comme générateur de tensions sociales.

Intouchables et lutte de classe

L'exemple des ex-intouchables (que Gandhi a rebaptisés Harijans, fils de Dieu) apparaît à cet égard comme extrêmement significatif. Les pratiques liées à l'intouchabilité sont officiellement interdites (Art. 17 de la constitution). Mais pour faire passer cette interdiction dans les faits, le gouvernement a dû se placer dans un véritable paradoxe : comptabiliser les ex-intouchables que l'on a placés dans les « Scheduled classes », leur réserver un contingent de places dans les universités, dans la fonction publique, les entreprises publiques et dans les organes représentatifs, en proportion de leur poids dans la population. Or, les harijans, outre qu'ils continuent souvent à être marginalisés rituellement (principe de souillure), ne parviennent pas à

1. Environ 93 millions de membres des « scheduled classes » (ex-intouchables), environ 40 millions de « scheduled tribes » (les anciennes tribus).

exercer des emplois situés à un niveau élevé dans la hiérarchie. Ils apparaissent pourtant comme un énorme groupe de pression dont il est nécessaire de se concilier les suffrages. Le problème harijan devient un problème de classe sans que les pratiques liées à l'intouchabilité aient disparu en tant que telles. J.P. Desaï, dans une enquête sur l'intouchabilité au Gujarat publiée en 1976 révèle « qu'à partir d'un échantillon de 69 villages, 74 % d'entre eux observent d'une façon ou d'une autre les pratiques d'intouchabilité relatives à l'eau, que dans 90 % d'entre eux les temples sont fermés aux Intouchables, que dans 90 % des cas un Intouchable ne peut entrer dans une maison de haute caste, que dans 82 % des villages l'entrée d'un magasin leur est fermée. Dans 60 % des villages, les Intouchables prennent en s'effaçant humblement le côté du chemin en cas de rencontre d'autres castes, pour éviter de les polluer ou par crainte d'être tancés, insultés, ou battus. Dans 59 % et 60 % des villages respectivement, les employeurs ne touchent pas leurs employés intouchables ou les commerçants leurs clients lors de la remise de leur salaire — ils le jettent à terre ou dans la main — ou dans l'échange de marchandises et d'argent. Dans presque tous les villages étudiés, la réunion du conseil municipal observe une forme ou une autre d'intouchabilité : chaises à part ou « distancées » pour éviter le contact, eau potable servie dans des verres à part, refus de contacts lors du thé et de la collation servis »[1].

A une telle échelle, il est clair que le système ne peut fonctionner qu'avec l'acceptation intériorisée par les harijans eux-mêmes d'un statut inférieur dans la hiérarchie sociale. On a là encore l'illustration manifeste de la spécificité de la société indienne : la constitution d'un groupe de pression ne remet pas en cause fondamentalement l'inégalité hiérarchique, même si l'amélioration de la situation d'ensemble du groupe en est escomptée.

Compte tenu de l'évolution de l'Inde depuis plusieurs décennies, la question de la disparition des castes n'est pas à l'ordre du jour. Poser le principe d'une disparition des castes comme préalable au développement revient à poser une question théorique. Attendre d'un développement économique à

1. Cité dans « Inde, les parias de l'espoir », p. 40-41. Une autre enquête reprise par le Wall Street Journal du 24 octobre 1977 donne sur 179 villages situés dans le Madhya Pradesh les résultats suivants : respect des pratiques relatives à l'eau 70 %, interdiction dans 1/3 des temples, dans 1/3 des restaurants ; aucun barbier de caste n'accepte de raser un harijan.

l'occidentale une dissolution des castes se heurte à la réalité indienne d'aujourd'hui : les castes ne disparaissent pas, le développement économique a atteint ses propres limites. Quant aux mouvements révolutionnaires indiens, ils se heurtent aux mêmes réalités sociologiques et idéologiques et utilisent comme les autres les mécanismes de castes. Peut-on envisager une adéquation lentement trouvée entre une société rurale transformée, et maintenant les valeurs fondamentales de la culture hindoue, et une voie de développement originale ?

UNE VOIE INDIENNE ?

Si l'on tente de faire le bilan de trente années d'indépendance, force est de constater qu'il y a eu en Inde croissance mais sans développement. Aucun des grands problèmes n'a été surmonté : maintien de l'esprit de caste, tentatives communalistes de faire jouer une religion contre une autre, conflits linguistiques qui interdisent d'ériger l'hindi en langue nationale obligatoire, et par dessus tout accroissement des inégalité sociales qui n'a pas permission la disparition de la misère pour le plus grand nombre. La persistance ou l'accroissement des inégalités est à mettre au compte d'une absence de volonté réelle ou d'impuissance à modifier la structure sociale héritée d'un passé lointain, mais sclérosée dans une large mesure par la phase du colonialisme.

Le parti Janata, au pouvoir de mars 1977 à décembre 1979 a pu se présenter comme un novateur par rapport à la politique de « socialisme à l'indienne » menée par le parti du Congrès sous la direction d'Indira Gandhi. En se présentant comme un adepte des idées du Mahatma Gandhi[1], le Janata aurait pu laisser penser à une voie indienne de développement enfin trouvée qui aurait permis à l'Inde de surmonter les blocages rencontrés. Ainsi, sous le terme de « développement rural intégré » mis en avant dans le VIe Plan de développement (1978-1983) est affirmée la priorité du développement des campagnes :

---

1. Rappelons qu'il n'y a aucun lien de parenté entre le Mahatma Gandhi et Indira Gandhi ; par contre celle-ci est la fille de Nehru.

- désenclaver les campagnes afin de mettre par tous les temps chaque village en contact avec le réseau routier et au-delà le circuit commercial ;
- offrir aux paysans la possibilité d'avoir des surplus à commercialiser en diffusant plus massivement les semences hybrides nouvelles, les engrais et pesticides, les éléments d'irrigation ;
- utiliser l'épargne des paysans moyens et riches dans un vaste plan de petites entreprises de type artisanal ou semi-artisanal, aptes à mobiliser la main-d'œuvre locale et à la maintenir sur place ;
- transformer en salariés une partie de la main-d'œuvre actuellement sans emploi, et créer ainsi un marché qui devrait stimuler l'investissement dans les petites firmes locales.

Or ce programme, outre qu'il provoquait la réticence des grands industriels, gênés par les règlementations, s'estimant menacés par les nationalisations, conduisait à considérablement favoriser les castes dominantes des koulaks enrichis par la révolution verte, en leur offrant des possibilités supplémentaires de profit. Dans le même temps, rien ne prouvait que ces castes dominantes avaient réellement intérêt à créer les petites entreprises souhaitées par le pouvoir. Si celles-ci pouvaient en effet dans un premier temps soulager les tensions sur la terre, elles sont aussi créatrices d'un nouvel état d'esprit : les harijans et paysans sans terre à l'heure actuelle maintenus par l'évolution du système des castes dans une véritable dépendance[1] ne risquaient-elles pas d'échapper aux castes dominantes ? L'Économic and Political Weekly du 23 juin 1977 pouvait ainsi noter : « L'esprit de l'agro-capitalisme flotte déjà dans les airs. Les idéaux gandhiens si souvent exhibés sont une tentative pour vendre le produit aux masses rurales, tout comme le socialisme servait encore récemment à apaiser les masses urbaines. Il reste à voir comment la philosophie gandhienne pourra devenir une réalité concrète, sans que l'on modifie radicalement le schéma de la propriété terrienne ». Le retour au pouvoir d'Indira Gandhi laisse une incertitude planer sur l'orientation future de la politique économique indienne.

Échapper aux modèles importés de développement, qu'ils soient de type capitaliste ou socialiste, prendre en compte la structure sociale existante pour tenter de la modifier et permet-

---

1. La multiplication des incidents graves contre les harijans fut une preuve de l'incapacité d'une coalition politique basée sur les castes à en effacer les aspects les plus négatifs.

tre un réel progrès économique et social paraît une tâche bien ardue. Tout au plus certaines idées peuvent être avancées :

- Tout développement passe par l'intégration des campagnes dans le circuit d'échanges, donc par la mobilisation de l'énorme force de travail sous-employée ou inemployée des campagnes.

- Seule la restauration du complexe agro-artisanal détruit par la colonisation permettra la mise en œuvre d'un processus de développement.

- Deux conditions apparaissent nécessaires : une véritable réforme agraire et la mise en œuvre des technologies intermédiaires à l'échelle de la communauté rurale.

*

Conclusion

Si la colonisation a bien bloqué dans un premier temps les possibilités d'une évolution interne de l'économie indienne, les tentatives mises en œuvre depuis l'Indépendance ont débouché sur le non-développement. Il faut entendre par là, non pas une absence de croissance, mais l'incapacité de l'Inde à faire entrer l'ensemble de ses potentialités humaines et économiques dans une dynamique de changement.

La thèse du blocage culturel (caste — religion) apparaît bien plutôt comme l'expression d'une inadaptation entre la société indienne et les modèles de développement importés, voire comme un phénomène de contre-acculturation. A cet égard, le terme de sous-développement (et son succédané de « en voie de développement »), trop lié à la confrontation avec des modèles extérieurs se révèle peu opérant. Le développement économique ne peut se faire au mépris des réalités éco-géographiques et socio-culturelles du pays. Les limites de la Révolution Verte en témoignent.

Ainsi, toute réflexion sur le « sous-développement » se doit d'échapper à l'ethnocentrisme qui l'a trop longtemps caractérisée. La connaissance des valeurs d'une civilisation doit être aussi la reconnaissance d'un mode d'évolution spécifique. L'Inde pourra-t-elle dégager cette « voie indienne » en échappant au déferlement violent des tensions qui s'accumulent ?

Bibliographie (en français)

- G. DELEURY : *Le modèle indou,* Hachette, 1978.
- L. DUMONT : *Home Hierarchicus,* Gallimard, 1966.
- L. DUMONT : *La civilisation indienne et nous,* Prisme Colin, 1975.
- J. POUCHEPADASS : *L'Inde au xxe siècle,* P.U.F., 1975.
- G. ÉTIENNE : *Les chances de l'Inde,* Le Seuil, 1973.
- C. BETTELHEIM : *L'Inde indépendante,* Maspero, 1971, 1e Édition Armand Colin 1962.
- S.B. NAIDU : *La voie indienne du développement,* les Éditions ouvrières, 1971.
- Raj et Renée Isar, *L'Inde au-delà du mythe et du mensonge,* Le Seuil, 1979.
- D. VON DER WEIS, G. POITEVIN : *Inde, Les Parias de l'Espoir,* L'Harmattan, 1978.
- V.S. NAIPAUL : *L'Inde sans espoir,* Témoins, Gallimard, 1968.
- D. KOSAMBI : *Culture et Civilisation de l'Inde ancienne,* Maspero, 1970.
- *La Bhagavad Gita* (A.M. Esnoul et O. Lacombe), Coll. points, Fayard.

Quelques romans

- K. MARKANDAYA : *Le riz et la Mousson,* Coll. J'ai lu.
- K. MARKANDAYA : *Les sables chantants,* R. Laffont, (1960).
- T. PILLAI : *Un amour indien,* Mercure de France, 1965.
- R. KIPLING : *Simples contes des Collines,* Livre de poche.

Documentation

- *Notes et études documentaires. Les provinces et ethnies de l'Inde,* 1970, n° 3714.15.16.
- *Problèmes économiques.*
- *Problèmes politiques et sociaux.*
- *L'Inde aujourd'hui* - revue mensuelle communiquée sur simple demande par l'Ambassade indienne.

Imprimé en France par l'Imprimerie Hérissey - Évreux
Dépôt légal : 6086 - Août 1982 - N° d'imp. : 30393